교회, 나의 고민 나의 사랑

IVP(InterVarsity Press)는
캠퍼스와 세상 속의 하나님 나라 운동을 지향하는
IVF(InterVarsity Christian Fellowship)의 출판부로
생각하는 그리스도인을 위한 문서 운동을 실천합니다.

Copyright © 1998 by Philip Yancey
Originally published in English under the title
Church: Why Bother? by The Zondervan Corporation L.L.C.
3900 Sparks Dr. SE, Grand Rapids, Michigan 49546, USA
All rights reserved.

This Korean edition is published by arrangement with The Zondervan
Corporation L.L.C., a division of HarperCollins Christian Publishing, Inc.
through rMaeng2, Seoul, Republic of Korea.
This Korean edition © 2010, 2019 by Korea InterVarsity Press
156-10 Donggyo-Ro, Mapo-Gu, Seoul 04031, Republic of Korea.

이 한국어판의 저작권은 알맹2 에이전시를 통하여
The Zondervan Corporation L.L.C.와 독점 계약한 IVP에 있습니다.
신 저작권법에 의하여 한국 내에서 보호받는 저작물이므로
무단 전재와 무단 복제를 금합니다.

교회, 나의 고민 나의 사랑

필립 얀시 | 윤종석 옮김

차례

한국의 독자들에게 _ 7
1. 나의 교회 방랑기 _ 9
2. 하나님의 스케치 _ 43
3. 벽을 넘어서 _ 79

한국의 독자들에게

이런 책이 한국 교회에 필요한지 의아해하는 이들이 분명 있을 것입니다. 여전히 한국 교회는 세계에서 가장 큰 규모의 교회들과 가장 역동적인 교회들을 자랑스럽게 내세우고 있는 곳이니까요. 하지만 유럽이나 미국 못지않게 한국의 많은 그리스도인들이 다음과 같은 질문을 하고 있음을 저는 알고 있습니다. '우리가 왜 교회에 신경을 써야 하는가?'

미국에서는 교회 안에서 성장한 젊은이 중 절반 이상이 대학에 가거나 독립해서 생활을 하기 시작할 즈음이면 교회를 떠난다고 합니다. 실제로 미국에서는 '종교 없음'을 표하는 인구가 가장 크게 성장하고 있습니다. 한국의 많은 젊은이들도 유럽과 미국의 젊은이들이 하는 다음과 같은 질문을 동일하게 하고 있다고 들었습니다. '굳이 교회 구성원이 될 필요가 있을까?' '종교적이지 않더라도 영적일 수 있지 않을까?' '기독교가 나와 하나님과의 개인적 관계라면, 굳이 꼴 보기 싫은 다른 그리스도인들과 관계를 맺어야 할까?'

나는 이 책을 쓰면서 최대한 교회에 대해 솔직해지려고 노력했습니다. 교회를 맹목적으로 옹호하기보다는, 유년기의 경험을 떠올리며 교회의 약점을 가감없이 드러냈습니다. 하지만 세월이 지날수록 하나님이 세상 속에 소금의 짠맛과 밝은 빛을 비추기 위해 교회를 선택하셨다는 사실을 깨닫게 되었습니다.

사도 바울은 신체의 유비를 사용해 교회를 서른 번 이상 그리스도의 몸으로 기술합니다. 몸은 한 인격의 가시적 존재입니다. 33년 동안 하나님은 이 세상에 몸으로 거하셨습니다. 하나님이 어떤 분이신지 알기 원한다면, 예수님을 보면 됩니다. 골로새서에서 말하듯 그분은 "보이지 않는 하나님의 형상"이십니다. 그러나 예수님은 이 땅을 떠나시면서 그분을 따르는 우리에게 그 사명을 주셨습니다. 이제 우리는 그리스도의 몸, 즉 세상 속에 있는 가시적 하나님의 현존입니다. 수없이 다양한 구성원으로 이뤄진 교회는 하나님의 형상을 한 개인으로서는 보여 줄 수 없는 방식으로 세상에 보여 줍니다.

아무쪼록 이 책이 한국 교회의 역동적인 사역을 격려하는 데 다시 한번 쓰이기를 바랍니다. 한국 교회의 충만한 에너지와 선교적 섬김을 통해, 교회에 대한 회의에 빠진 세상이 "우리가 왜 교회에 신경을 써야 하는가?"라는 질문에 답을 얻을 것이기 때문입니다.

1장
나의 교회 방랑기

> 빌, 이 큰 배는 낡아서 삐걱거리고 이리저리 흔들린다네.
> 그래서 구토가 날 때도 있지. 하지만 이 배는 목적지까지 잘 간다네.
> 언제나 그랬고 앞으로도 영원히 그럴 걸세.
> 자네가 있든 없든 상관없이 말일세.
> **J. F. 파워스, 「푸르게 돋아난 밀」 중에서**

조지아 주에서 자라는 동안 내 삶을 결정한 것은 바로 교회였다. 나는 대주 일요일 아침 저녁은 물론 수요일 밤에도 예배에 충실히 참석했다. 여름성경학교, 중고등부 활동, 부흥회, 선교 집회 같은 행사는 말할 것도 없다. 나는 교회의 스테인드글라스 창을 통해 세상을 보았다. 무엇을 믿어야 할지, 누구를 신뢰하고 불신해야 할지, 어떻게 행동해야 할지를 교회가 일러 주었다.

내가 고등학교 때 다니던 교회는 이전에 조랑말 농장이었던 땅에 세워진 콘크리트 건물에 있었다. 이전의 마구간 건물 몇 동이 어질러진 건초와 함께 아직 남아 있었는데, 어느 일요일 아침에 그중 제일 큰 건물에 불이 났다. 소방차들이 윙윙거리며 도착했고, 집사들은 급히 다니며 목재를 치우고 호스를 풀었다. 하늘 높이 치솟는 주황색 불꽃을 온 교인이 서서 지켜보는데, 열기에 얼굴이 익는 것 같았다. 그러다 밀짚 탄내와 숯내가 밴 채로 다시 엄숙하게 예배당으로 줄지어 들어간 우리는 지옥 불에 관한 목사의 즉석 설교를 들었다. 지옥 불은 방금 우리가 본 불보다 일곱 배는 더 뜨겁다고 그는 열변을 토했다.

'지옥 불과 유황'이 단골로 등장하던 교회다 보니 그 이미지는 내 머릿속에 오래도록 남았다. 우리는 위험천만한 세상에 모인 소수 집단이었고, 조금만 발을 헛디디면 맹렬한 지옥 불에 빠져야 할 운명이었다. 그리고 교회는 성벽처럼 그 무서운 바깥세상에서 우리를 보호해 주는 곳이었다.

그 바깥세상과 과감히 부딪치는 과정에서, 나에게 더러 곤란한 순간들도 있었다. 고등학교 발표 수업 때 반 친구들 앞에 서서, 내가 그들을 따라 할리우드 판 "오셀로"를 보러 갈 수 없는 신앙적인 이유들을 댈 때의 그 부끄럽고 얼굴이 화끈거리던 기억이 선하다. 생물 선생님이 20페이지짜리 내 학기말 보고서가 592페이지에 달하는 다윈의 「종의 기원」을 뒤집지 못한 이유를 반 학생들에게 설명하면서 빈정대던 말은 지금도 그대로 옮길 수 있을 정도다.

그렇지만 또한 박해받는 소수 집단에 속한 데서 오던 뿌듯함도 기억난다. 우리는 세상에 살되 세상에 '속하지' 않은 것을 자랑스러워했다. 남들이 모르는 무슨 귀중한 비밀을 쥔 탐정이라도 된 기분이었다. "이 세상은 내 집 아니네, 나는 지나가는 나그네." 우리는 이렇게 노래 불렀다. 유년기와 사춘기 초까지만 해도 나는 교회에 대한 반감이 거의 없었다. 교회는 파도가 넘실대는 거친 세상에서 나를 싣고 가는 구명보트였다.

우리 교회는 롤러스케이트를 탄다든가(춤과 너무 비슷하므로) 볼링을 한다든가(술을 파는 볼링장도 있으므로) 극장에 간다든가 일요판 신문을 보는 따위의 활동에 눈살을 찌푸렸다. 교회는 우리를 죄 많은 바깥세상에서 보호하려고 외면적 규율의 벽을 두껍게 쳤고, 어떤 면에서는 성과가 있었다. 지금의 나는 양심의 가책 없이 그런 활동들을 할 수 있지만, 생각해 보면 근본주의의 엄격함이 나를 더 심한 문제에 빠지지 않게 막아 준 것도 사실이다. 엄격한 율법주의는 일탈 행위의 경계를 좁힌다. 예를 들어, 우리는 몰래 볼링장에 갈 수는 있어도 술이나 마약은 손댈 생각조차 못할 것이다.

그런데 나중에 보니, 그런 규율 중에는 지극히 자의적인 것도 있었고 순전히 잘못된 것도 많았다. 예를 들어, 인종차별은 미국 남부 교회 하부 문화의 필수 요소였다. 나는 흑인(그때는 더 경멸적인 단어를 썼다)이 인간 이하이고, 교육이 불가능하며, 하나님의 저주로 '종'이 되었다는 말을 설교 시간에 귀가 따갑도록 들었다. 우리 교회의 거의 모든 교인이 마틴 루터 킹 주니어(Martin Luther King Jr.)가 '골수 공산주의자'라고 믿었다. 보안관이 그를 몽둥이로 때리거나 감옥에 넣을 때마다 우리는 환호를 질렀다.

하지만 외적인 것에 기초한 종교는 버리기도 쉽다. 나도 한동안 그랬다. 넓은 세상을 직접 맛보려고 유년기의 율법주의적 환경을 버리고 나온 것이다. 이전에 쓰던 말들이 갑자기 조지 오웰(George Orwell)의 '신 언어'(Newspeak, 소설 「1984년」에 나오는 전체주의 국가의 언어—역주)처럼 기만으로 느껴졌다. 우리는 은혜를 말하면서 율법으로 살았고, 사랑을 말하면서 미움을 흘렸다. 그런데 아쉽게도, 남부 근본주의에서 나올 때 나는 허울뿐인 위선만 벗은 게 아니라 신앙의 내용까지 함께 버리고 말았다.

:: 교회 밖을 겉돌던 시절

지금 와서 보면, 내 유년기의 남부 근본주의 교회는 단순히 예배 처소나 신앙 공동체만을 의미하는 것이 아니었다. 그것은 통제된 환경이었고 하나의 하부 문화였다. 이제야 깨닫지만, 살벌한 죄죄만 가득하고 겸손이나 신비를 인식하는 감각이라고는 찾아볼 수 없는 냉혹한 교회는 오랜 세월 내 신앙의 성장을 가로막았다. 한마디로, 기독교가 그리스도께 나아가는 길을 가로막은 것이다. 이후 내가 신앙과 교회로 다시 돌아오는 데는 평생이 걸렸다. 내가 신앙으로 돌아온 여정은 긴 이야기이며 여기서 감히 꺼내지 않겠다. 그보다, 이 짧은 책에서는 직선적이고 단순한 이 한 가지 질문을 다루어 보려고 한다. '교회, 굳이 신경 쓸 필요 있나?'

그리스도인에게 교회는 정말 필요한가? 윈스턴 처칠(Winston Churchill)은, 교회와 자신의 관계는 건물과 그 외벽을 받치는 버팀목의 관계와 같다고 말했다. 교회를 바깥에서 지지한다는 말이다. 교리를 진심으로 믿게 되고 하나님께 나 자신을 드린 뒤로, 나도 한동안 그 방법을 써 보았다. 나뿐만 아니라, 스스로 그리스도인의 정체성을 가지면서도 교회에 참석하지 않는 사람들이 아주 많다. 그중에는 나와 비슷한 사연이 있는 사람들도 있다. 이전에 다니던 교회에서 상처를 입었거나 심지어 배신을 당한 경우다. 그런가 하면 그냥 '교회에서 아무 감흥도 못 느끼는' 사람들도 있다. 예수님을 따르는 것과, 일요일 아침에 다른 그리스도인들을 따라 예배당으로 가는 것은 별문제다. 굳이 신경 쓸 것 있나? 시인 앤 섹스

턴(Anne Sexton)이 이렇게 썼듯이 말이다.

> 사람들 그분의 손에 못을 박았네.
> 그리고 나선 모두들 모자를 쓰고….

내 순례 여정을 되돌아보면, 나와 교회 사이를 가로막은 몇 가지 장벽이 보인다. 첫째는 위선이었다. 무신론 철학자 프리드리히 니체에게 왜 그렇게 그리스도인들을 부정적으로 보게 되었느냐고 누가 물었더니 이렇게 대답했다고 한다. "그들이 조금만 더 구원받은 사람들처럼 보인다면 나도 그들의 구원을 믿겠소."

유년기의 절대적 근본주의에 상처를 입은 나도 교회를 경계했다. 그리스도인들은 일요일 아침이면 좋은 옷을 차려입고 서로 웃지만, 그런 겉모습으로 비열한 마음을 숨기기가 더 쉬움을 나는 직접 경험으로 알았다. 그래서 무엇이든 위선의 낌새만 보여도 무조건 반감이 들었다. 그러던 어느 날 문득 이런 의문이 들었다. '교인들이 다 나 같다면 교회가 어떻게 될까?' 당연히 마음이 겸허해졌고, 그때부터 나는 남의 영성이 아니라 나 자신의 영성에 집중했다.

나는 교회 안의 위선을 최종적으로 판단하실 분은 하나님이라 결론지었고, 그래서 그런 판단은 하나님의 능하신 손에 맡기기로 했다. 그러자 점차 여유가 생기면서 마음이 더 너그러워지고 남들을 더 용서하게 되었다. 완전한 배우자, 완전한 부모나 자녀를 둔 사람이 어디 있는가? 불완전하다고 해서 우리는 가정이라는 제도를 버리지 않는다. 그런데 교회라고 왜 버린단 말인가?

다음으로 내가 넘어야 할 장벽은 문화적인 것이었다. 나는 일요일 아침 11시가 일주일의 다른 그 어느 시간과도 희한하게 다르다는 걸 깨달았다. 내가 등받이 곧은 의자에 30-40분씩 앉아 남의 설교를 듣는 일은 그때 말고는 없었다. 1-2세기 전에 지어진 노래를 부르는 일도 그때 말고는 없었다. 예배가 "너무 끔찍해서, 틀림없이 사람들을 오게 하는 다른 뭔가가 있을 것 같아" 교회에 나가기 시작했다는 플래너리 오코너 (Flannery O'Connor)의 한 친척의 말에 공감이 갔다.

플래너리 오코너는 아이디어가 떠오르면 바로 받아 적으려고 아침마다 글 쓰는 책상 앞에 앉는 사람이었다. 회고록 「평범한 시간」(*Ordinary Time*)을 쓴 천주교 작가 낸시 메어즈(Nancy Mairs)가 교회로 돌아온 방식도 약간 비슷하다. 하나님을 믿는 믿음이 불확실한데도 그녀는 "믿음이 흘러들 수 있는 공간"을 준비하려고 미사에 다시 나가기 시작했다. 그녀는 사람이 꼭 믿음을 손에 쥐어야만 교회에 가는 건 아님을 배웠다. 오히려 빈손으로 나가면 때로 교회가 채워 준다.

내 경우, 빈손이 채워지는 데 교회의 구조 자체가 방해가 되었다. 사람들이 각자의 삶을 나누고, 신앙의 문제들을 토의하고, 함께 기도하는 소그룹이라면 나도 좋았다. 하지만 공식적인 예배는 나를 짜증나게 했다. 판에 박힌 똑같은 절차, 반복, 많은 사람들, 주보와 광고, 일어났다 앉았다 하는 관행까지 모두 그랬다. 교회를 떠나 있는 기간이 길수록 그런 게 더 이상해 보이는데, 나는 확실히 그 모든 예배 습관을 버렸다.

그러다, 하나님을 예배하고 싶은데 교회 때문에 방해를 받았던 C. S. 루이스(Lewis)를 비롯한 유명 그리스도인들의 글이 내게 도움이 되었다. 예를 들어, 퓰리처 상을 받은 애니 딜라드(Annie Dillard)는 자신의 교회를 이렇게 묘사했다.

> 매주 신기하게 느껴졌다. 장판뿐인 맨바닥의 초라한 성구 보관실은 어떤 꽃으로도 분위기를 살리거나 따뜻하게 할 수 없었고, 내가 아주 좋아하는 순서인 찬송 부르기도 형편없었다. 성경 봉독은 사람을 지치게 했고, 느릿느릿한 의식(儀式)은 공허하고 밍밍했고, 설교는 지독히도 알맹이가 없었다. 음울한 허망함이 안개처럼 사방에 쫙 깔린 가운데 그와 동시에 존재하는, 어쩌면 그로 말미암은, 놀라운 사실이 있었다. 그런데도 우리가 교회에 줄기차게 나와 매주 그 과정을 되풀이하고 있다는 사실이었다.

지금 이 글을 쓰면서도, 나는 그때를 생각하며 의아함에 고개를 젓게 된다. 20년도 더 지난 옛날의 내 마음 상태를 돌아보노라면, 그때 그런 문제들에 그렇게 열을 올렸다는 게 신기하다. 그 뒤로 나는 예배 습관을 되찾았는데, 한때 그토록 비위에 거슬리던 판이 박힌 예배 절차가 마치 잘 길든 신발을 신는 것만큼이나 편하게 느껴진 지 벌써 오래다. 이제 나는 찬송가가 좋고, 일어날 때와 앉을 때도 알고, 내가 관심 갖는 활동들에 관한 것이기에 광고도 잘 듣는다. 그런데도 예전의 내 심정을 애써 떠올리는 것은, 많은 사람들에게 교회가 여전히 극복하기 힘든 문화적 장벽이 되고 있음을 알기 때문이다.

무엇이 교회에 대한 나의 태도를 바꾸어 놓았을까? 회의론자는 내가 중간에 기대치를 낮추었거나, 수많은 시행착오 끝에 오페라에 익숙해진 것처럼 어쩌면 교회에도 '익숙해진' 거라고 말할지 모른다. 하지만 나는 뭔가 다른 요인이 있음을 느낀다. 교회는 다른 어떤 방식으로도 채워지지 않을 내 안의 어떤 필요를 채워 준다. 십자가의 성 요한은 "고결한 영혼이 홀로 있으면…불붙은 석탄이 홀로 있는 것과 같아서 더 뜨거워지는 게 아니라 더 식는다"고 썼다. 나는 이 말이 진정 옳다고 믿는다.

기독교는 결코 지적이고 내적이기만 한 신앙이 아니다. 기독교는 삶이 수반되는 종교이며, 그 삶은 오직 공동체 안에서

만 가능하다. 내가 끝내 교회를 포기하지 못한 것도 아마 그 때문일 것이다. 나는 내게 절실히 필요한 그 무엇이 교회 안에 있음을 마음 깊이 느낀다. 잠시 교회를 떠나 있을 때면, 고통받는 쪽은 언제나 나였다. 믿음이 시들고, 사랑 없는 딱딱한 등딱지가 다시 나를 덮었다. 나는 더 뜨거워지는 게 아니라 더 식어 갔다. 그래서 교회를 떠난 나는 매번 빙 돌아서 다시 안으로 들어왔다.

한때는 교회 출석이 들쭉날쭉했지만 이제 나는 교회 없는 삶을 상상조차 할 수 없다. 다른 주로 이사했을 때도 교회부터 찾는 게 우리 부부에게 최고 급선무 중 하나였다. 한 주라도 교회를 빠지면 허전했다.

어떻게 나는 교회 회의론자에서 옹호론자로, 구경꾼에서 참여자로 바뀌었을까? 나는 왜 교회에 대한 태도를 바꾸었을까? 바로, 시간이 가면서 교회에서 무엇을 보아야 하는지를 배웠기 때문이다. 어렸을 때는 학교를 골라 다닐 수 없는 것만큼이나 교회도 내 선택 소관이 아니었지만, 나중에는 선택권을 충분히 발휘하여 차례로 이 교회 저 교회를 다녀 보았다. 그 과정을 통해, 바른 교회를 찾는 열쇠는 내 안에 있음을 배웠다. **내 시각**이 관건이었다. 일단 보는 법을 익히고 나자 교회의 소속 교단 따위의 문제들은 훨씬 덜 중요했다.

나는 교회를 대할 때 위를 올려다보고, 주위를 둘러보고,

밖을 내다보고, 안을 들여다보아야 함을 배웠다. 교회를 겨우 참고 견디던 내가 교회를 사랑할 수 있게 된 것도 바로 이 새로운 시각 덕분이다.

지금부터 그 내용을 나누려 하는데, 물론 선택할 교회 자체가 별로 없는 사람들(예컨대 아주 작은 마을에 사는 사람들)도 있을 것이다. 그래도 나는 누구든지 바른 시각을 통해 교회의 본질에 대한 이해가 바뀔 수 있다고 믿는다. 그렇게 일단 교회관이 정립되면, 교회에 참여하며 그곳이 하나님이 의도하신 곳이 되도록 힘을 보탤 수 있다.

:: 위를 올려다보다

전에 나는 비판적인 소비자 정신으로 교회를 대했고, 예배를 공연으로 보았다. 내 마음에 드는 걸 내놓아라, 나를 즐겁게 해 달라는 식이었다.

키에르케고르는 나 같은 이들을 두고 말하기를, 사람들이 교회를 극장처럼 생각하는 경향이 있다고 했다. 우리는 객석에 앉아 무대의 배우를 주시하고, 배우는 모든 시선을 한몸에 받는다. 배우가 제법 즐겁게 해주면 우리는 박수와 환호로 감사를 표한다. 하지만 교회는 극장의 반대라야 한다. 교회에서는 **하나님**이 예배의 관객이시다. 그리고 우리가 주인공으로 여겨 왔던 사역자는, 사실 무대 뒤에서 대사를 알려 주는 보조적 역할을 맡은 사람일 뿐이다.

그러므로 예배를 마치고 떠날 때 우리가 해야 할 질문은 '내가 무엇을 얻었는가?'가 아니라 '하나님이 기뻐하셨는가?'이다. 이제 나는 예배 시간에 위를 올려다보려고 한다. 시선을 강단 너머 하나님께로 향하는 것이다.

여러 교회를 다니며 성도들이 어설픈 실력으로 예배에 참여하는 경우를 보았는데, 나의 관점 변화 덕분에 이런 경우를 참아 낼 수 있었다. 사역자에게 시선이 집중되지 않게 하려고 평신도들이 직접 노래나 시를 짓고, 미니드라마를 공연하고, 삼중창을 부르고, 워십 댄스로 자신을 표현하는 교회가 많다. 그런데 솔직히, 객관적인 미학의 기준이든 단순한 '예배 진행'의 차원에서든, 그런 시도는 나의 예배를 별로 고양시키지 못했다. 하지만 점차 깨달은 진리는, 가장 중요한 관객은 회중이 아니라 하나님이라는 사실이다.

이 점에서 C. S. 루이스는 내게 많은 교훈을 준다. 그는 자신의 교회에 대해 이렇게 썼다.

나는 그들의 찬송가가 꼭 삼류 음악에 이류 가사를 붙여 놓은 것 같아 못내 싫었다. 그런데 점차 그 찬송가의 진가가 보였다.…허름한 고무 장화를 신고 건너편 좌석에 앉은 노인 성도가 그 찬송가를 혼신을 다해 부르며 은혜를 받는 걸 보면, 나 자신은 그 장화를 두어 줄 자격조차 없다는 생각이 든다. 그 찬송가가 나를 자만심에서 벗어나게 한다.

교회가 존재하는 주된 이유는, 즐거움을 제공하거나 약한 모습을 받아 주거나 자존감을 세워 주거나 우정을 북돋는 게 아니고, 하나님을 예배하는 것이다. 그 일에 실패하면 교회는 실패하는 것이다. 사역자, 음악, 성례, 기타 예배의 '부속물'은 예배자들을 하나님과 만나게 해준다는 궁극적 목표를 떠받치는 보조 장치일 뿐이다. 행여 그 사실에 의구심이 들면 나는 다시 돌아가 구약을 읽는다. 구약 성경에서 성막과 성전의 예배 규정에 할애된 지면은 신약 성경에서 예수님의 생애에 할애된 지면과 거의 맞먹는다. 전체적으로 성경은 하나님을 기쁘시게 하는 삶을 분명히 강조하고 있으며, 예배의 핵심도 결국 그것이다. 월터 윙크(Walter Wink)는 예배란 집주인이 누구인지를 기억하는 행위라고 했다.

우리는 교회에서 구경꾼처럼 강단을 쳐다볼 수도 있고 위로 하나님을 올려다볼 수도 있다. 옛 이스라엘 백성에게 동물 제사를 자세히 설득하신 하나님은 나중에 이런 말씀을 하셨다. "너희 외양간의 황소도 우리의 염소도 나에게는 필요 없다. 숲속의 짐승과 뭇 산의 소떼가 다 내 것이다." 그들은 예배의 외양에 치중하느라 핵심을 다 놓쳐 버린 것이다. 그분의 관심은 마음의 제사에, 내면의 태도인 복종과 감사에 있었다. 이제 나는 교회에 가면 연극 비평가처럼 편안히 앉아 미학적인 평가를 하기보다 배후의 정신에 집중하려 노력한다.

나는 미국에 팽배한 소비주의적 사고방식을 철저히 거부하는 천주교와 러시아 정교회 예배에도 참석해 보았다. 대부분의 천주교 예배는 '강론'(설교)을 강조하지 않으며, 실제로 나는 빼어난 강론 실력을 가진 신부들을 별로 본 적이 없다. 내가 그 약한 부분에 대해서 물으면 그들은 어깨를 움츠리고 만다. 그들에게는 성찬 성례 즉 미사가 예배의 중심이며, 자신들은 보조자 역할을 할 뿐이다.

러시아 정교회에서는 사제가 자국어를 쓰지도 않는다. 예배에 쓰도록 되어 있는 옛 슬라브어를 알아듣는 회중은 별로 없다. 복음 메시지는 성가대의 영창을 통해 들려오고, 설교가 아예 없는 예배도 많다. 중요한 건 예배다. 여기서도 사제나 성상, 교회 건물, 향, 성가대는 보조 역할만 한다.

여러 이유로 나는 강단의 말씀 선포를 유독 강조하는 개신교 전통에서 계속 예배를 드리고 있다. 하지만 교회를 쇼핑하고 다니던 시절에 그랬던 것처럼 음악 스타일이나 예배 순서, 교회의 '부속물' 따위에 신경 쓰지는 않는다. 그때처럼 예배의 목표인 하나님을 만나는 대신 부속물에 치중하느라 가장 중요한 핵심을 놓치지 않기 위해서다.

:: 주위를 둘러보다

교회로 돌아오는 순례 여정 초기에, 나는 나 같은 사람들로 이루어진 교회만 일쿠러 찾는 실수를 저질렀다. 교육 수준, 성경 지식, 찬송가와 의식(儀式)의 취향이 나와 비슷한 회중을 찾으려 한 것이다. 희한하게도 나는, 조그마한 차이만 보여도 짓밟으려 들던 내 유년기 교회의 과오를 답습하고 있었다. 그 교회는 유색 인종을 받지 않았고, 저쪽 동네 흑인 교회들의 감정이 풍부한 예배 스타일을 비웃었으며, 은사를 다르게 보는 오순절 교단 같은 곳을 맹비난했다. 그 결과, 우리의 예배는 빈곤했고 풀 먹인 옷처럼 뻣뻣했다.

1960년대에 마틴 루터 킹 주니어는 일요일 오전 11시야말로 미국에서 인종차별이 가장 심한 시간이라고 말하곤 했다(빌리 그레이엄의 말을 인용한 것이다). 그리고 오늘날에는 제시 잭슨(Jesse Jackson) 역시 똑같은 말을 할 것이다. 그동안 기독교의 예배에 별로 달라진 것은 없으며, 인종 통합은 여전히 먼 얘기다. 정부와 기업이 과거의 불평등을 시정하고자 소수 민족 우대 정책과 쿼터제를 실험하는 동안, 교회가 소수 민족의 참여를 높이기 위해 그런 정책을 도입했다는 말은 들어 본 적이 없다.

지난 수십 년간 여러 교회를 다녔지만, 그간 내가 교회에 대해 배운 것들은 다분히 시카고 도심의 라살 스트리트 교회(LaSalle Street Church)로 거슬러 올라간다. 대다수 교회가 그렇듯이, 그 교회에서도 성도들이 예배 스타일을 두고 갈등을 일으켰고, 재정 문제로 고민했으며, 헌신되지 못한 그리스도인도 많이 섞여 있었다. 그곳은 결코 완전한 교회가 아니었다. 하지만 거기서 지낸 13년 동안, 나는 교회가 어떤 모습이 될 수 있고 또 어떤 모습이어야 하는지를 배울 수 있었다.

라살 스트리트 교회에 처음 나갈 때 나는 교회를 신앙의 불가피한 규율쯤으로 보고 아예 체념한 상태였다. 하지만 놀랍게도 출석한 지 얼마 되지 않아 일요일 오전은 아찔한 시간이 아니라 오히려 기다려지는 시간이 되었다. 왜 그랬을까? 라살 교인들의 유쾌한 다양성 덕분이었다. 거기서 나는 위를 올려다볼 뿐 아니라 주위를 둘러보는 법을 배웠다. 함께 예배를 드리는 사람들 중에는 조금도 나와 비슷한 사람이 없었다.

그 교회는 시카고에서 가장 부유한 동네와 가장 가난한 동네의 중간에 있었다. 동쪽으로 두 블록만 가면 평균 연봉 5만 달러가 넘는 골드 코스트(Gold Coast)가 있고, 서쪽으로 두 블록만 가면 평균 연봉이 3만5천 달러 이하인 캐브리니 그린(Cabrini-Green) 공영 주택단지가 있었다. 라살은 두 지역을 잇는 '다리 교회'의 역할에 힘썼다. 빌 레슬리(Bill Leslie)라는 사람이 목사로 섬겼는데, 빌과 나는 인종차별적 근본주의라는 배경이 같았다. 그는 인종차별이 심한 밥 존스 대학교(Bob Jones University)의 학생회장을 지냈었고, 그의 장인은 인종차별주의자 레스터 매닥스(Lester Maddox)의 조지아 주지사 선거 캠프에서 일했었다. 그래서인지 빌은 인종 화합을 교회의 주 목표의 하나로 삼았다.

라살은 내게 폭넓은 다양성의 맛을 처음 보여 준 교회였다. 일요일 아침이면 자원봉사자들이 무료로 식사를 지어 제공했는데, 그 비스킷과 햄 냄새는 예배에 큰 영향을 주었다. 많은 노인들이 식후에 남아 예배를 드렸던 것이다. 노인들의 절반은 흑인이고 절반은 백인이었다. 추운 날 아침이면 거리의 노숙자들도 아침을 먹으러 들어오곤 했고, 때로 좌석에 벌렁 드러누워 예배 시간 내내 드르렁드르렁 코를 골기도 했다. 물론 회중 가운데는 노스웨스턴이나 시카고 대학고 같은 명문 대학의 박사 과정에 재학 중인 대학원생들과 의사와 변호사들, 고등 교육을 받은 전문직 종사자들도 있었다.

나는 이런 다양성을 의식하며, 가르치거나 가끔 설교를 할 때마다 복음을 쉬운 말로 제시할 수밖에 없었다. 신학생뿐 아니라 떠돌이 여자에게도 내 말뜻이 전달되어야 하기 때문이었다. 나는 부유한 전문직 종사자들과 못 배운 노숙자들 모두에게 영향을 끼치는 복음의 능력이 너무나 놀라웠다. 그리고 점점, 나와 다른 사람들이 많은 그 교회에 나가는 것이 매주 기다려졌다. 우리는 겉으로는 공통점이 별로 없었지만 예수 그리스도께 헌신했다는 것이 커다란 공통분모가 되었다.

나는 스캇 펙(Scott Peck)이 인도하는 주말 수련회에 참석한 적이 있는데, 그는 자신의 공동체 이론을 시험하려고 유대교인 10명, 그리스도인 10명, 이슬람교인 10명을 초청했다. 펙은 대부분의 사람들이 생각을 거꾸로 하고 있다고 보았다. 보통 갈등부터 먼저 풀고 나야 서로 다른 사람들 사이에 공동체가 이루어진다고 생각한다는 것이다. 예를 들면, 중동의 적대국 지도자들이 만나서 평화 협정부터 체결해야 비로소 사람들이 평화롭게 살아가든지 말든지 할 수 있다는 식이다. 그러나 펙에 따르면, 지도자들이 공동체의 삶부터 **먼저** 배우고 나서 갈등 해결에 나선다면, 평화가 더 자연스럽게 이루어질 수도 있다.

감사하게도, 스캇 펙과 함께 보낸 그 주말 덕분에 나는 교회 공동체가 무엇에 힘써야 하는지를 알게 되었다. 기독교 공동체의 기초는 화목하게 하시는 하나님의 사랑이며, 그것은 국적, 인종, 계급, 나이, 성별의 모든 차이를 뛰어넘는다. 공통점이 먼저이고 각자의 차이점은 나중이다.

나는 라살 스트리트 교회와 다른 몇몇 교회를 통해, 공통점을 중심으로 공동체가 형성될 때 어떤 일이 벌어지는지를 목격할 수 있었다. 바로 하나님의 가족이 생겨나는 것이다. 그 가족 안에서 연합은 결코 획일성이 아니고, 다양성은 결코 분열이 아니다.

세계 역사상 유대인과 이방인, 남자와 여자, 종과 자유인이 대등한 자격으로 모인 최초의 기관이 교회이건만 우리는 그것을 얼마나 쉽게 망각하는가.

초기 그리스도인들은 각종 벽을 허물었다. 대부분의 타종교와 달리 그리스도인들은 남자와 여자를 똑같이 환영했다. 그리스 사람들이 점잖은 사회 집단에서 노예를 제외시킬 때 그리스도인들은 노예를 받아들였다. 유대교 성전은 인종과 성별로 예배자를 차별했지만, 그리스도인들은 주님의 식탁에 다함께 둘러앉았다. 남성 위주의 로마 귀족 정치와는 대조적으로 기독 교회는 여성들과 가난한 사람들에게 지도자 역할을 맡겼다.

'히브리인 중의 히브리인'이었던 사도 바울은 헤아릴 수 없는 그리스도의 풍성함을 이방인에게 전하고, "영원부터…하나님 속에 감추어졌던 비밀"을 생생히 드러냈다. 그것을 통한 하나님의 의도는 "이제 교회로 말미암아 하늘에 있는 통치자들과 권세들에게 하나님의 각종 지혜를 알게 하는" 것이었다(엡 3:9-10). 우리가 서로 다른 멤버들로 공동체를 이루면, 그

걸 계기로 이 세상은 물론 초자연 세계까지 우리를 주목하게 된다.

물론 다양성에도 여러 모양이 있다. 백인이나 흑인만 다니는 교회도 연령 집단, 교육 배경, 경제 계층이 다양하다. 내가 일주일 동안 가는 곳들 중에서 여러 세대가 함께 모이는 곳은 교회뿐이다. 교회에는 엄마 품에 안겨 있는 아기들도 있고, 시도 때도 없이 꼼지락대고 킬킬거리는 아이들도 있고, 늘 바르게 처신하는 반듯한 성인들도 있고, 설교가 단조롭게 너무 길어지면 깜빡 잠들곤 하는 노인들도 있다.

이제 나는 교회를 찾을 때면 자리에 앉아 있는 사람들을 둘러본다. 흑인들과 오순절 교인들의 자유분방한 예배 스타일에서, 노인들의 강고한 신앙에서, 유치원생 아이와 날마다 씨름하는 엄마들에게서 배울 게 많기 때문이다. 그래서 일부러 나 같지 **않은** 사람들로 이루어진 회중을 찾는다.

:: 밖을 내다보다

윌리엄 템플(William Temple) 대주교는, "교회는 비조합원의 이익을 위해 존재하는 세상 유일의 협동조합 조직"이라고 말했다. 그게 내가 라살 스트리트 교회에서 가장 확실히 배운 교훈이다. 내 유년기의 교회들은 늘 해외 선교를 강조했고, 나는 소수 부족들의 전통 화살이나 창, 탈 등을 전시하는 연례 선교 집회를 기다리곤 했다. 하지만 나는 교회의 선교적 사명에는 자기가 속한 동네의 필요를 채우는 것도 포함된다는 사실을 시카고에서 배웠다. 그처럼 가지각색의 사람들로 이루어진 회중이 서로 잘 지낼 수 있었던 이유 중 하나는, 아마도 우리가 단결하여 함께 지역사회로 나아갔기 때문일 것이다. 남을 열심히 섬기다 보면 이기적인 생각이 줄게 마련이니까.

라살의 지역 봉사 프로그램들은, 글을 읽을 줄 모르는 학생들이 많다는 사실을 알게 된 주일학교 교사들이 일요일 예배 후에 개인 지도 반을 만들면서 시작되었다. 고등학교의 중퇴율이 75퍼센트를 넘는 그 동네에서 우리는 할 일이 아주 많았다. 곧 휘튼 대학 학생들이 여러 대의 버스로 교회에 와서 일대일 과외를 해주었다. IBM을 비롯한 여러 회사에서 장비를 기부했고, 점점 최첨단 개인 지도 프로그램으로 자리잡았다.

한 변호사는 지역 주민들을 함부로 대하는 경찰과 집주인들에 맞서고자 회사를 그만두고 법률 지원 센터를 만들어, 공영 주택단지의 저소득층 주민들에게 무료 변호를 해주었다. 소득에 따라 비용을 싸게 받는 상담소도 개설되었다. 미국 내 웬만한 도시와 마찬가지로 시카고에도 한부모 가정에 태어나는 아기가 태반이었으며, 그래서 곧 교회는 그런 가정을 지원하는 사역에 착수했다.

주민들의 필요는 거기서 그치지 않았다. 개나 고양이 사료의 3분의 1이 '사람이 먹는 음식'을 살 형편이 못 되는 극빈층 노인들에게 팔린다는 정부 조사 결과가 나오자, 교회는 지역 노인들을 섬기기 시작했다. 책임자는 노인들이 좋아하는 빙고 게임을 마련하고 상품으로 돈 대신 통조림 음식을 내걸었다. 노인들은 즐거운 시간도 보내고 자존심 상하지 않게 음식도 듬뿍 타 갔다.

내 아내 재닛은 70명의 자원봉사자와 함께 11년 동안 교회의 노인 프로그램을 이끌었다. 나는 평범한 사람들로 이루어진 회중이 일치단결하여 주변 사람들을 섬길 때 얼마나 좋은 일을 많이 할 수 있는지 아내를 통해 배웠다. 지방 라디오 방송국의 한 진행자는 매주 허름한 집 앞에 빨간색 스포츠카를 대고는 집밖으로 나오지 못하는 노인에게 식료품을 가져다주었다. 한 젊은 변호사는 매주 자녀들을 데리고 양로원의 시각장애인을 찾아갔고 어떤 간호사는 왕진을 다녔다. 사실 많은 자원봉사자들이 매주 두 번씩 음식을 직접 만들었는데, 많은 노인들에게 일주일 내내 따끈한 식사라곤 그게 전부였다. 사실 많은 자원봉사자들이 죄책감이나 책임감 때문에 이 일을 시작했는데, 시간이 가면서 베푸는 일의 가장 큰 유익이 베푸는 사람 자신에게 돌아온다는 사실을 배우기 시작했다. 가난한 이들이 도움을 받아야 할 필요성 못지않게, 우리가 그들에게 베풀어야 할 필요성도 절실하다.

전도자 루이스 팔라우(Luis Palau)는 교회의 본질을 흙냄새 나는 비유에 담아냈다. 그는 교회가 거름과 같다고 했다. 거름은 쌓아 두면 온 동네에 악취를 풍기지만, 골고루 잘 주면 세상을 풍요롭게 한다. 교회를 찾을 때 나는 밖을 내다보아야 할 필요성을 잘 아는 교회를 찾는다. 나는 사회봉사야말로 교회의 성패를 가르는 가장 중요한 요인일 수 있다고 믿게 되었다.

도시 교외에 위치한 교회들은 사회봉사의 기회를 찾기가 좀더 어려울 수도 있겠다. 하지만 도심의 빈곤 지역과 연계할 수도 있고, 러시아의 어느 프로그램이나 라틴아메리카의 자매 결연 교회와 협력할 수도 있다. 이런 봉사가 처음에는 에너지와 자원의 손실로 보일 수 있지만, 내가 경험한 바로는 오히려 정반대다. 사랑을 베푸는 사람일수록 빈곤해지지 않고 더 풍요로워지는 게 신앙의 역설이다.

:: 안을 들여다보다

유년기에 겪은 율법주의에 대한 반작용 탓인지 라살 스트리트 교회의 빌 레슬리 목사는 은혜라는 주제에 도무지 싫증이 안 나는 것 같았다. 그는 자신에게 은혜가 끝없이 필요함을 인식했고, 거의 매주 은혜를 설교했고, 주변 모든 이들에게 지극히 실제적인 방식으로 은혜를 베풀었다. 일요일마다 그의 설교를 들으면서 나는 마치 삼투압처럼 점차 은혜를 빨아들였다. 하나님이 나를 사랑하심은 내게 자격이 있어서가 아니라 그분이 은혜의 하나님이시기 때문임을 나는 진심으로 믿게 되었다. 하나님의 사랑은 아무 조건 없이 거저 오는 것이다. 내가 무슨 짓을 해도 하나님의 사랑은 늘거나 줄어들 수 없다.

내 유년기 교회에 가장 눈에 띄게 부재한 요소는 결론적으로 은혜였다. 경쟁과 판단과 서열의 세상(비은혜의 세상)에 우리의 교회들이 은혜를 소통할 수만 있다면, 그러면 사막의 유목민들이 오아시스로 모여들듯이 교회도 누가 시키지 않아도 사람들이 열심히 모이는 곳이 될 것이다. 이제 나는 교회에 가면 안을 들여다보면서, 내 안에 있는 경쟁과 비판의 독을 제거하고 대신 은혜로 채워 달라고 하나님께 기도한다. 내가 찾는 교회는 은혜가 특징인 교회다.

나는 우리 교회가 사납고 성난 눈빛의 흑인 청년 아돌퍼스를 대하는 모습을 보면서, 행동하는 은혜가 무엇인지에 관한 잊을 수 없는 교훈을 배웠다. 모든 도심 교회에는 아돌퍼스가 적어도 하나씩은 있다. 그는 베트남에 갔다 왔는데, 그의 문제들도 필시 거기서 시작되었을 것이다. 그는 한 직장에 오래 붙어 있지 못했고, 발작적인 격노와 광기 때문에 보호소 신세도

몇 번 졌다.

아돌퍼스는 일요일에 약을 먹으면 얌전한 편이었다. 그렇지 않으면 교회는 평소보다 더 흥미진진한 곳이 되곤 했다. 그는 예배당 뒤쪽에서 강대상까지 장애물 경주처럼 좌석을 뛰어넘기도 했다. 찬송 중에 손을 높이 들고 외설스런 몸짓을 하기도 했다. 헤드폰을 끼고 설교 대신 랩 음악을 듣기도 했다.

라살의 예배에는 '회중의 기도'라는 순서가 있었다. 다같이 자리에서 일어나 세상의 평화, 병자의 치유, 지역사회의 정의 등을 위해 아무나 즉흥적으로 큰소리로 한 마디씩 기도하는 시간이었다. 각자의 기도가 끝나면 다같이 한 목소리로 "주여, 우리의 기도를 들어주소서"라고 화답하곤 했다. 아돌퍼스는 백성의 기도야말로 자신의 관심사를 알리는 절호의 기회임을 금세 알아차렸다.

"주여, 휘트니 휴스턴과 그 기막힌 몸매를 지으심에 감사하나이다!" 어느 날 아침에 그가 한 기도다. 잠시 어색한 시간이 흐른 뒤에 몇 사람이 약하게 되받았다. "주여, 우리의 기도를 들어주소서."

아돌퍼스는 이런 기도도 했다. "주여, 지난주에 중요한 녹음 계약에 서명했고 우리 밴드에 좋은 일이 많아서 감사하나이다!" 아돌퍼스를 아는 사람들은 그게 그의 공상임을 알았지만, 다른 사람들은 마음으로부터 함께 화답했다. "주여, 우리의 기도를 들어주소서."

꾸준히 나오는 교인들은 아돌퍼스의 기도에서 뜻밖의 내용을 내심 기대하게 되었다. 방문객들은 무슨 말인가 싶어 당황하거나, 눈이 번쩍 띄어 목을 길게 늘여 빼고는 이 희한한 기도의 진원지를 살피곤 했다.

아돌퍼스는 시카고 최초의 흑인 시장이었던 해럴드 워싱턴(Harold Washington)에게 잔뜩 스트레스를 주어 심장 마비를 일으키게 한, 교회 내 모든 백인에게 심판을 내려 달라고 빌었다. 시카고 거리에서 사람들이 죽어가고 있는데 이라크에 군대를 파병한 조지 부시(George Bush) 대통령에게도 비난을 퍼부었다. 자기 음악 그룹의 경과도 꾸준히 보고했다. 한번은 "이 교회 횐둥이 목사들의 집이 이번 주에 다 불타게 해주소서"라고 기도했다. 그 기도에는 아무도 화답하지 않았다.

아돌퍼스는 이미 다른 세 교회에서 쫓겨난 전력이 있었다. 그는 백인들을 난감하게 만드는 게 즐거워 인종이 섞여 있는 교회를 좋아했다. 한번은 내가 가르치고 있던 주일학교 반에서 그가 벌떡 일어나 말했다. "M16 소총이 있다면 이 방에 있는 너희를 다 죽여 버리겠어." 우리 백인들은 난감했다.

의사와 정신과의사를 비롯한 일단의 교인들이 아돌퍼스를 위한 특수 사역을 맡았다. 그가 폭발할 때마다 그들은 그를 한쪽으로 데려가, '부적절하다'는 단어로 그를 설득했다. "아돌퍼스, 자네의 분노는 정당할 수 있지만 분노를 표현하는 데는 적절한 방식이 있고 부적절한 방식이 있는 거라네. 목사의 집이 불타게 해 달라는 기도는 부적절한 것이지."

알고 보니 아돌퍼스는 버스비가 없어 일요일에 교회까지 무려 8킬로미터를 걸어올 때도 있었다. 교인들이 그를 차로 태워다 주기 시작했고, 집에 초대해 식사를 대접하는 사람들도 있었다. 크리스마스 때면 그는 으레 부목사 집에서 보냈다.

아돌퍼스는 자신의 음악적 재능을 자랑하며, 성찬식 찬송을 맡은 음악 그룹에 자기를 넣어 달라고 했다. 알고 보니 그는 음악에 전혀 소질이 없었다. 그의 오디션을 들은 책임자가 타협안을 내놓았다. 아돌퍼스는 남들과 함께 서서 찬송은 불러도 되지만, 자신의 전자 기타의 플러그만은 늘 뽑아 두어야 했다. 그때부터 그룹이 앞에 설 때마다 아돌퍼스도 함께 서서 노래하고 기타를 쳤으나, 다행히 기타에서는 아무 소리도 나지 않았다. 대체로 이 타협안은 잘 통했으나, 약을 먹지 않은 일요일이면 아돌퍼스는 영국의 가수 조 카커(Joe Cocker)처럼 강단을 온통 누비고 다니려 했다. 온 교인이 그리스도의 살과 피를 받으려고 줄을 서 있는데 말이다.

어느 날 아돌퍼스가 정식 교인으로 등록을 신청했다. 장로들이 그의 믿음을 간단히 테스트해 보았으나 별로 신통한 게 나오지는 않았다. 그래서 그에게 일종의 수습 기간을 주기로 했다. 그리스도인이 된다는 게 무슨 뜻인지 알고 있음을 입증하면, 그리고 다른 교인들 속에서 적절히 행동하는 법을 배우면, 등록을 허락하기로 한 것이다.

어쨌든 좌충우돌했던 아돌퍼스의 이야기는 해피엔딩이다. 그는 차분해졌고, 광기가 도지려 하면 교인들에게 전화로 도움을 청했다. 결혼도 했다. 그리고 3차 도전 만에 드디어 정식 교인이 되었다.

은혜는 받을 자격이 없는 사람들에게 임하는 것이며, 내게는 아돌퍼스가 은혜의 산 증인이 되었다. 평생 그 누구도 에너지와 관심을 쏟지 않았던, 가족도 없고 직장도 없고 안정도 없었던 그에게, 교회는 유일하게 안정을 주는 곳이었다. 거부당할 짓만 골라서 한 그를 교회는 받아주었다.

그 교회는 아돌퍼스를 포기하지 않았다. 두 번, 세 번, 네 번, 끝까지 기회를 주었다. 하나님의 은혜를 이미 체험한 그리스도인들이 아돌퍼스에게 그 은혜를 옮겨 주었고, 그 집요하고 억누를 수 없는 은혜는 하나님이 모든 것을 참아 가며 나 같은 사람들을 한사코 사랑하신다는 것을 나에게 똑똑히 각인시켜 주었다. 이제 나는 이런 은혜가 스며 나오는 교회를 찾는다.

:: 미시건 호숫가의 새로운 표지

폴 투르니에(Paul Tournier)는 "사람이 혼자 할 수 없는 일이 두 가지 있다. 하나는 결혼이고 또 하나는 그리스도인이 되는 것이다"라고 말했다. 교회로 다시 돌아오는 순례 여정에서 나는 교회의 역할이 중요한 정도가 아니라 반드시 필요하다는 것을 배웠다. 우리는 이 땅에 있는 하나님의 '새로운 공동체'다.

지금까지 말한 그런 교회, 내가 찾는 이상적인 교회가 표준이 아니라 예외라는 걸 나도 뼈아프게 알고 있다. 예배보다 오락, 다양성보다 획일성, 사회봉사보다 배타적 태도, 은혜보다 율법을 더 많이 내보이는 교회들이 많이 있다. 가시적 교회에 대한 실망보다 더 내 신앙을 괴롭게 하는 것은 없다.

그래도 나는 예수님이 제자들에게 "너희가 나를 택한 것이 아니요 내가 너희를 택하여 세웠나니"(요 15:16)라고 하신 말씀을 떠올리지 않을 수 없다. 교회는 하나님의 모험이요 '도박'이라 할 수 있다. 교회의 흠 많은 인간들 속에서 나는 희망의 역설적 징후를 보게 되었다. 하나님이 투박한 질그릇인 우리 안에 살기로 결정하신 것은, 그분이 우리 인간을 얼마나 소중히 여기시는지를 보여 주는 최고의 증거다.

나는 성경을 창세기부터 요한계시록까지 여러 번 통독해

보았는데, 그때마다 강하게 다가오는 것이 있다. 교회야말로 하나님이 처음부터 뜻하신 일의 완성이요 실현이라는 것이다. 그리스도의 몸은 모든 것을 포괄하는 새로운 정체성을 가지고 인종과 국적과 성별의 장벽을 허물고, 세상 어디에도 존재하지 않는 공동체를 가능하게 한다. 로마 제국에 두루 흩어져 있던 다양한 회중에게 바울이 보낸 각 편지의 첫 문단을 읽어 보라. 그들은 모두 '그리스도 안에' 있고, 그 사실은 인종이나 경제적 지위나 기타 인간이 만들어 낼 수 있는 어떤 구분보다 더 중요하다.

그리스도 안에 있다는 정체성은 미국인이나 콜로라도 주민이나 백인 남성이나 개신교인이라는 정체성보다 더 중요하다. 교회는 그 새로운 정체성을 기뻐하는 곳이고, 차이점이 많지만 이 한 가지 공통점을 지닌 사람들 속에서 그 정체성을 실천하는 곳이다. 우리의 사명은 점점 종족주의와 분열로 치닫고 있는 이 세상 속에서 일종의 대안 사회를 살아내는 것이다.

라살 스트리트 교회에서 보낸 시간 중에서도, 이 새로운 공동체의 생생한 그림으로 내 기억 속에 남아 있는 장면이 하나 있다. 해마다 여름이면, 라살은 늘 얼음장 같은 미시건 호수에서 세례식을 했다. 특히 기억나는 해가 있는데, 시카고의 다민족성이 유감없이 드러나던 눈부시게 화창한 날이었다. 다양한 인종의 사람들이 저마다 즐거운 시간을 보내고 있었다. 롤러스케이트를 타는 멋쟁이들은 플라스틱 헬멧과 무릎 보호대로 치장했고, 자전거를 타는 사람들은 인도의 공간을 확보하려 따르릉거렸고, 호반에는 살을 태우려고 기름을 바른 몸들이 무질서하게 드러누워 있었다.

그러한 호반의 풍경 속에서 13명의 예비 세례자들이 늘어서서 간증을 했다. 젊은 펀드 매니저 부부는 "그리스도와 하나된 것을 더 공적으로 밝히고" 싶었다고 했다. 쿠바 혈통의 한 여자는 몸에 흰옷을 걸치고 있었다. 햇볕에 타서 가무잡잡한 키 큰 남자는 6개월 전까지만 해도 자기가 불가지론자였다고 말했다. 포부 당당한 오페라 가수는 당일 아침에야 세례를 받기로 최종 결심했다면서 찬 물이 싫으니 기도만 해 달라고 했다. 85세의 흑인 할머니는 의사의 만류에도 불구하고 침례를 신청했다("그렇게 이상한 요청은 처음 봤다"고 의사는 말했다). 부동산 투자가, 임신부, 의대생, 그 밖에 몇 사람도 왜 노스 애비뉴 비치로 세례를 받으러 왔는지 차례로 설명했다.

집례자는 그들의 몸을 신속히 물속에 넣었다. 세례자마다 소름 돋은 몸으로 덜덜 떨면서 물에서 나왔고, 추위에 눈이 커져서 반짝반짝 빛났다. 호반에 있던 우리는 포옹으로 그들을 맞이했고, 그러다 보니 금세 우리도 가슴께가 척척하게 젖었다. 우리는 말했다. "그리스도의 몸이 되신 걸 환영합니다."

이 과정이 진행되는 동안 나는 계속 시카고의 구경꾼들을 흘끗 둘러보았다. 태양 숭배자들 몇이 불쾌하게 투덜거리며 저쪽으로 옮겨갔다. 하지만 대부분은 참으며 구경했고 멍한 미소를 짓기도 했다. 아마 또 하나의 이상한 종교 집단이려니 했을 것이다.

우리 일행은 한 시간 후에 그곳을 떠났다. 작은 무리가 차지했던 물가의 자리는 곧 노스 애비뉴 비치의 풍경으로 다시 채워졌다. 우리의 발자국은 파도에 씻겨 나갔고, 우리가 모래성을 쌓은 자리는 바닥에 수건을 깔고 일광욕 하는 사람들이 차지했다.

호기심에 찬 무리 앞에서 벌어진 호숫가의 그 작은 풍경은, 내게 먼 옛날 예수님이 이 땅에 만들어 놓으신 대안 사회의 한 상징이 되었다. 시카고의 호숫가에도 나름대로 영역 구분이 있다. 북쪽은 히스패닉 사람들, 안전 감시탑 근처는 여피족, 바위 근처는 게이들의 자리다. 한마디로 유유상종이다. 그런데 이 작은 공동체에는 증권 중개인, 쿠바 사람, 오페라 가수, 노예의 후손인 85세 할머니가 두루 함께 있었다.

뿐만 아니라, 우리가 모인 것은 전혀 다른 나라를 향한 우리의 충정을 선포하기 위해서였다. 우리에게는 호반의 나른한 일요일이 주는 감각적인 즐거움보다 그 나라가 더 중요하다. 각 세례자가 소개될 때마다 교인 중 한 사람이 그 사람과 하나님의 새로운 동행을 위하여 큰소리로 기도했다. 한 사람은 기도 중에, 죄인 하나가 회개하면 하늘에 큰 기쁨이 있다고 하신 예수님의 약속을 인용했다.

노스 애비뉴 비치의 안전 감시탑에서 보면, 그 일요일 오후에 별일은 일어나지 않았다. 그러나 다른 관점, 영원의 관점에서 보면, 끝없는 축제가 시작되었다.

내가 제일 좋아하는 교회의 정의는 칼 바르트(Karl Barth)의 것이다. "교회는…세상의 방식과 전혀 다른 새로운 표지, 세상과 충돌하지만 가능성으로 충만한 길을 가리키는 표지를 이 세상에 세우기 위해 존재한다." 미시건 호숫가에서 있었던 우리의 세례식은 과연 세상의 방식과 전혀 달랐다. 그리고 나는 교회가 세상과 충돌하지만 가능성으로 충만한 길을 지향하는 곳은을 라살 스트리트 교회를 통해 확신하게 되었다.

바로 그날 아침, 교회에서 자원봉사자들은 문간에 들어서는 모든 배고픈 이들을 위하여 계란과 햄과 비스킷으로 아침식사를 지었다. 정부의 복지 혜택이 삭감된 시절이었다. 정치가들이 교도소 신축 예산을 통과시키고 범죄 퇴치를 약속하고 있을 때, 라살의 변호사들은 청소년 범죄자들을 상담하고 있었고, 개인 지도 교사들은 그들에게 읽기를 가르치고 있었다. 사회학자들이 사생아를 낳는 어머니들에게 오명을 씌울 새로운 방도를 토론하고 있을 때, 교회 프로그램은 낙태 대신 어려운 선택을 한 그 여성들이 선택의 현실적인 결과를 감당

할 수 있도록 돕고 있었다. 개발업자들이 단칸방을 싼값에 임대하는 호텔들을 헐고 호화 콘도들을 짓고 있을 때, 교회 장로들은 노인 주택 대책을 마련하고 있었다. 우리가 그런 일들을 한 것은 다분히 그날 아침 미시건 호수에서 있었던 일 때문이다. 분리의 장벽을 허무신 그리스도 예수 안에서 우리가 새로운 정체성으로 연합했기 때문이다.

우리 자신이 하나님의 은혜를 체험했기에 우리도 남들에게 은혜를 베풀고 싶었다. 은혜가 늘 그렇게 오듯이 우리도 아무 조건 없이 거저 베풀고 싶었다. 진정 교회가 세상의 방식과는 전혀 다른 새로운 표지가 되고, 세상과 충돌하지만 가능성으로 충만한 길임을 나는 배웠다. 그렇기 때문에 교회는 '신경 쓸' 가치가 있다.

2장
하나님의 스케치

> 저 위의 성도들과 함께 사랑 안에 사는 것,
> 그야 물론 영광이리라.
> 이 땅에서 내가 아는 성도들과 같이 사는 것,
> 그건 이야기가 다르다.
> **작자 미상**

라살 스트리트 교회가 보통 교회가 아니라는 걸 나는 단박에 알았다. 처음 가던 날 내가 앉은 자리는 중년의 흑인 여성과 그녀의 열세 살 된 딸 바로 뒷자리였다. 다같이 일어나 찬송을 부르는 시간에 소녀가 돌아서서 뒷좌석의 우리 일행을 보며 생긋 웃었다. 우리도 예의상 미소로 답했으나 소녀는 계속 웃으며 우리를 말똥말똥 쳐다보았다. 좀 이상해 보였고 지진아 같기도 했다. 그러다 찬송가가 4절로 접어들자 소녀가 몸을 구부려 자기 치맛자락을 잡고 머리 위로 훌렁 들어올리는 것이 아닌가. 나의 그 교회에서의 생활은 그렇게 시작되었다.

몇 년이 지나면서 우리는 불시의 사태에 단련이 되었다. 한번은 일요일에 목사가 강단에 서서 성찬식 잔이 가득 담긴 쟁반 앞에서 기도하고 있는데 어떤 남자가 목사를 겨누어 뱅글뱅글 절묘하게 축구공을 던졌다(목사는 때마침 눈을 떠 미사일을 피했다). 또 한번은 어느 노숙자가 성찬식 쟁반의 골무만한 잔들에 따라 놓은 것을 몽땅 다 마셔 버렸다. 우리가 성찬식에 포도주 대신 포도 주스를 쓴다는 것을 몰랐던 모양이다. 치마를 겹겹이 두른 매춘부가 설교 중에 강단에 올라가 한쪽 무릎을 꿇고는, 초대받아 온 설교자에게 우유팩에서 독이 나왔다고 떠든 적도 있었다.

어느 일요일에 내 옆에 앉았던 방문자가 기억난다. 실크 블라우스와 벨벳 주름치마를 예쁘게 차려입고, 다이아몬드 귀걸이를 하고, 줄무늬로 염색한 머리를 이마에서부터 인상적으로 빗어 넘긴 쉰 살쯤 된 여자였다. 강림절 양초에 점화하던 할머니가 모르고 다른 색 양초에 불을 붙이자 그 여자가 느닷없이 웃음을 터뜨렸고, 그제야 나는 그녀가 정신적으로 약간 문제가 있다는 걸 알았다. (웃음소리가 필시 할머니한테도 들렸던 모양이다. 할머니는 "미안해서 어쩌나. 예쁜 분홍색 양초가 보이기에 그만 어린애처럼 그쪽으로 눈이 쏠려서"라고 더듬거리며 말했다.) 방문자는 나한테 바짝 다가와 반쯤 탄

자주색 양초에 대해서 물었다. 나는 강림절 양초의 전통을 설명해 주려 했으나 부질없었다. 그녀는 "말도 안 돼! 사용한 양초는 버려야지"라고 말했다.

그때부터 그녀는 예배 시간 내내 쉬지 않고 토를 달았다. 목사가 성찬식 빵을 떼자 그녀는 큰소리로 웃었다. "저 목사는 새로 나온 성찬용 빵도 모르나?" 성찬을 받으러 앞으로 나가는 사람들도 비웃었다. "다들 꼭 좀비 같잖아. 긴장 좀 풀면 안 되나?" 한 의사가 에이즈 사역 팀을 새로 만든다고 광고하자 그녀는 이렇게 중얼거렸다. "교회에서 에이즈 얘기를 하다니, 불쾌하게시리!" 목사가 설교 중에 '야웨'라는 단어를 언급하자 그녀는 거의 자리를 박차고 일어날 듯이 말했다. "저런 원시적인 단어를 쓰다니! 자기가 얼마나 구닥다리처럼 보이는지 알기나 하는 거야?"

마침내 예배가 끝나자 방문자는 밍크 코트를 걸치고 나에게 자신을 '비키'(Vicki)라고 소개하며 이렇게 말했다. "이렇게 희한한 미사는 처음이네요. 여기 사람들, 정말 웃겨요. 근데 왜 다들 웃지 않는 거죠?"

나는 우리 교회에 대해 몇 가지 설명하려 했지만, 비키가 아주 좋은 질문을 했다는 생각이 나중에 들었다.

:: 교회의 적절한 은유를 찾아서

가난한 사람들, 노숙자들, 언제 무슨 일을 저지를지 모르는 사람들을 물리치지 않는 도심 교회에는 예배에 방해가 될 위인들이 꼬이게 마련이다. 라살 스트리트 교회에 오래 있으면서 내가 배운 것은, 그간 내가 다녔던 질서정연한 신도시 교회들 못지않게 그렇게 거의 통제가 안 되는 혼란 속에도 하나님이 분명히 임재하신다는 사실이다. 유진 피터슨의 말대로, 교회에는 신비로움과 어수선함이 대등하게 공존한다.

바울이 고린도 교회에 보낸 편지들을 읽을 때마다 나는 라살 같은 도시 교회들이 생각난다. 고린도 교회에서도 거의 통제가 안 되는 혼란스러운 분위기가 지배적이었다. 두 편지에 나와 있듯이, 고린도 교회는 유대 상인들, 집시들, 그리스인들, 매춘부들, 이교의 우상 숭배자들로 이루어져 있었다. 이토록 격한 바울의 말투는 신약 성경 어느 책에서도 찾아볼 수 없다. 바울은 교회 분열이나 근친상간 사건에 대해 열변을 토했고, 성찬식이 난투극으로 변하지 않도록 싸웠다. 고린도에 비하면 라살 교회는 지루해 보일 정도다.

대부분의 학자들은 고린도전서를 사실상 신약 성경 중에서 가장 오래된 책으로 보고 있다. 처음 몇 장에서 사도는 '교회라는 게 도대체 무엇인가?'라는 기본 질문을 가지고 씨름하고 있다. 사실 유대교에 대해서는 그런 질문을 할 필요가 없었다. 유대교는 문화, 종교적 전통, 인종, 심지어 예배자들의 신체적 특징을 통해 정체성이 확립되어 있었기 때문이다. 하지만 기독 교회란 무엇인가? 하나님이 뜻하신 교회는 무엇인가? 고린도의 무질서한 정황 속에서 그 답은 분명히 묘연해 보였을 것이다. 그로부터 20세기가 흐른 지금, 그 답은 나에게도 여전히 묘연해 보인다.

고린도전서에는, 주로 적절한 은유를 찾는 부분에서 머뭇거리는 바울의 모습이 보인다. 3장에서 그는 "너희는 하나님의 밭이라"며 한동안 그 은유를 설명한다. "나 바울은 씨앗을 심는 농부와 같고 다른 사람은 물을 준다. 어떻게 보면, 너희는 하나님의 건물과 더 비슷하다. 그래, 맞다. 내가 기초를 놓으면 다른 사람이 그 위를 짓는다. 더 정확히 말해, 너희는 성전, 하나님이 거하시는 건물이다. 그래, 그거다! 생각해 보라. 하나님이 너희 안에 사시니 너희는 그분의 성전이다."

'밭인가 건물인가 성전인가? 바울이여, 마음을 정하시오.' 잇단 은유를 읽노라면 속으로 그런 생각이 든다. 그런 맥락으로 이야기가 계속되다가 마침내 12장에서 그는 최적의 은유를 찾아낸다. 교회가 하나님의 몸이라는 은유다. 그때부터 서신의 어조가 바뀌고, 문체도 개인적인 편지 어투에서 장중한 산문체(13장)로 격앙된다.

바울은 교회라는 것을 묘사할 방도를 찾아 이것저것 시험해 보고, 새로운 은유마다 주제의 다른 면을 드러내 주지만, 맨 마지막 몸의 은유가 가장 정확한 묘사인 것 같다. 바울은 한 장을 몽땅 할애하여 생리학적인 유사성을 설명한다. 그리고 고린도 서신에서 스무 번도 넘게 그 은유로 다시 돌아간다.

작가로서 나는 고린도전서 3장과 12장에 나오는 바울의 문체에 깊이 공감한다. 나도 꼭 맞는 단어나 은유를 찾아 비슷한 과정을 거칠 때가 많다. 이것을 실험해 보고, 저것을 버리고, 하나를 억지로 해 보다가, 아하, 드디어 꼭 맞는 단어나 문구를 찾았을 때 오는 그 후련한 안도감이란!

하지만 그동안 세월이 많이 흘렀으므로, 교회에 대한 바울의 모든 이미지가 지금도 썩 잘 통하는 건 아니다. 은유가 가리키는 진리는 변하지 않았지만 독자들의 관점이 크게 바뀌었다. 농사의 예화를 생각해 보라. 고린도 교인들은 그게 무슨 뜻인지 누구나 알았다. 도시 주변에 밭과 포도원이 널려 있었고, 농산물도 동네 시장에서 농부들한테 직접 샀기 때문이다. 하지만 현대 도시에서는 적어도 50킬로미터는 나가야 농장이 나오고, 농산물도 이미 다 다듬어 수축 포장한 채로 식품점에 진열되어 있다. 도시인들에게 농사의 은유는 실감이 안 난다.

건물의 은유도 비슷한 문제가 있다. 1세기의 고린도에서는 누구나 벽돌을 사다가 기초를 놓을 수 있었다. 땅을 길게 파고 직선으로 따라갈 줄만 알면 그 이상의 기술이 필요 없는 작업이었다. 하지만 지금은 건축 허가서, 휴대용 착암기, 굴착기, 조립용 골조, 철근, 콘크리트 하청업자(부디 자격증을 갖춘), 전체를 감독할 건설업자가 필요하다. 이렇듯 워낙 전문화되어 있다 보니 바울의 은유는 금세 힘을 잃고 만다. 바울의 성전 비유로 말하자면, 요즘 성전을 짓는 사람이 어디 있는가?

은유의 대가 바울이 지금 고린도전서를 쓴다면, 예를 들어 시카고 도심의 라살 스트리트 교회에 편지를 쓴다면 뭐라고 말할까? 하나님이 의도하신 교회를 우리 현대인들에게 전하기에 가장 적합한 그림 언어들은 무엇일까?

바울이 뭐라고 쓸지는 언뜻 떠오르지 않지만, 나는 나름대로 교회에 어울릴 만한 이미지들을 찾아 주변 세상에 존재하는 것들도 상상의 날개를 펴 보았다. '교회란 무엇일까? 원래 어떤 것일까?'

지금까지 많은 교회에 다녀 보았지만 내 이상에 맞는 곳은 하나도 없다. 그렇더라도 이상을 생각하는 시간은 그만한 가치가 있다고 본다. 올림픽 선수들은 경기에 임하기 직전에 미리 경주나 절차를 단계별로 머릿속에 그려 보는 기법을 활용한다. 내가 스키 활강을 처음 배울 때 친구가 '가상' 스키 비디오를 빌려 주었다. 실제로 산으로 나가기 전에 미리 뇌를 준비시킬 수 있다는 이론에 기초한 것이었다. 무게 중심, 회전, 내

려갈 때의 자세 변화 등이 비디오에 나와 있었다. 실전에 들어가기 전에 나는 스키 이론을 열심히 연구했다. 그런데 막상 산에 올라간 나는 비디오에 나오는 선수들과는 거리가 멀었다. 넘어지고, 회전 동작이 거칠고, 매번 과잉 반응으로 엉뚱한 순간에 체중을 옮겼다. 그렇지만 서투르게 산을 내려가는 중에도 이미 뇌 속에 새겨 둔 '이상'이 도움이 되었다. 적어도 내가 뭘 잘못하고 있는지는 알았으니까.

바울이 내놓은 이미지들도 고린도 교인들에게 비슷한 구실을 했을 것이다. 온몸이 따로 노는 스키 초보자들 앞에서 바울은 우아한 회전 활강의 그림을 그려 내고 있었다. 지금부터 말하려는 내용은 여태까지 다녀 본 모든 교회를 바탕으로 내가 나름대로 시대에 맞게 고쳐 본 교회의 그림들이다. 모든 교회가 이상을 겨냥하지만 모든 교회가 과녁을 빗나간다. 그래도 적어도 이상이 있으면 무엇을 겨냥해야 할지는 알 수 있다.

:: 하나님의 12단계 모임

이전에 나는 교단 본부도 없고 유급 직원도 없는데 매주 수백만의 헌신된 멤버가 모이는 '교회'에 가 본 적이 있다. 그 이름은 '익명의 알코올 중독자 모임'(Alcoholics Anonymous, AA)이라고 하는데, 자신의 음주 문제를 내게 막 털어놓은 한 친구의 초대로 가게 된 것이다. "함께 가 보면 초대교회가 어땠을지 약간 감이 잡힐 걸세."

우리는 월요일 밤 12시에 어느 다 쓰러져 가는 집에 들어갔다. 그날 이미 여섯 차례나 모임이 있었다는 그곳은 퀴퀴한 담배 연기가 최루탄 가스처럼 실내에 자욱해 눈이 따가웠다. 하지만 그곳을 초대교회에 빗댄 내 친구의 말이 무슨 뜻인지 금세 알 수 있었다.

유명 정치인과 몇몇 이름난 백만장자가 학교를 중퇴한 낙오자들, 팔뚝에 마약 주삿바늘 자국이 난 아이들과 스스럼없이 한데 어울리고 있었다. 소개는 이런 식이었다. "안녕하세요, 저는 탐입니다. 알코올 중독자에 마약 중독자입니다." 그러면 즉시 모두가 다정하게 "안녕하세요, 탐!" 하고 외쳤다.

'나눔의 시간'은 동정 어린 경청, 따뜻한 반응, 수많은 포옹 등 그야말로 소그룹의 전형을 보여 주었다. 참석자들은 각자 중독과의 싸움에 대한 경과 보고를 했다. 우리는 많이 웃고 많이 울었다. 무엇보다 멤버들은 자신의 겉모습을 꿰뚫어볼 줄 아는 사람들과 같이 있는 게 즐거워 보였다. 다들 같은 처지이니 솔직하지 않을 이유가 없었다.

AA는 자산도 없고 본부도 없고 홍보 매체도 없다. 전국을 총괄하는 자문이나 투자 상담원 같은 고임금 인력도 없다. AA 설립자들은 프로그램이 가장 기본적이고 친밀한 차원에 머물

러야만 효과를 볼 수 있다고 믿고, 처음부터 안전 장치를 마련해 관료주의로 빠질 소지를 일체 없앴다. 그 안전 장치란 바로 한 알코올 중독자가 자신의 삶을 바쳐 다른 알코올 중독자를 돕는 것을 말한다. 그간 AA의 효과는 확실히 검증되어, 그 방법을 본떠 생겨난 다른 12단계 모임이 초콜릿 중독자 모임에서 암 환자 모임에 이르기까지 250여 종에 달한다.

초대교회와의 많은 유사성은 그저 역사상의 우연이 아니다. AA를 설립한 두 그리스도인은 하나님께 의존하는 자세를 프로그램의 일부로 의무화할 것을 고집했다. 내가 갔던 날 밤에도 참석자 전원이 12단계의 내용을 복창했는데, 전적으로 하나님의 능력과 그분의 용서에 의존한다는 고백이다. (멤버 중에 불가지론자들은 완곡하게 '초월적 능력'이라는 말을 대신 쓸 수 있으나, 얼마 못 가서 그게 터무니없고 비인격적으로 보여 대개 '하나님'으로 다시 돌아온다.)

내 친구는 AA가 자신에게는 교회 대신이며 그 사실이 때로 자신을 괴롭게 한다고 솔직히 털어놓는다. "AA 그룹들은 몇 가지 어휘와 개념과 함께 교회의 사회학을 빌려왔지만 근본적인 교리는 없어. 나는 그게 아쉽지만 그래도 대체로 잘 버티는 편일세. 이 싸움에서 어떤 지역교회보다 AA가 내게 훨씬 도움이 되거든." 모임에 온 다른 사람들은 교회에 대한 반감을 나타내며 전에 교회에서 거부당하고 판단받았던 사연들을 들려준다. 지역교회야말로 그들이 자리에서 일어나 "안녕하세요, 저는 탐입니다. 알코올 중독자에 마약 중독자입니다"라고 밝히고 싶지 않은 곳이다.

AA에 열심히 참여하는 것은 내 친구에게 지극히 문자적인 의미에서 구원을 뜻했다. 자기가 한 번만 넘어져도 조기에 죽을 수 있다는(아니, 죽는다는)것을 그는 알고 있다. 파트너가 새벽 4시에 그의 전화를 받고 출동한 적이 한두 번이 아니다. 달려가 보면 그는 불빛이 음산한 어느 철야 영업 식당에 꾸부정히 앉아서 마치 벌 받는 학생처럼 공책에 단 한 문장을 반복해서 쓰고 있었다. "하나님, 5분만 더 버티게 도와주세요."

나는 그 '자정 교회'에서 감동을 받고 왔지만, 또한 지역교회가 채워 주지 못하는(적어도 내 친구에게는 채워 주지 못하던) 필요를 AA가 채워 준다는 사실이 곤혹스러웠다. 지역교회에는 없는데 AA에는 있는 특징 한 가지를 꼽아 보라고 했더니, 그는 커피가 식도록 오래도록 잔을 물끄러미 바라보았다. 나는 사랑이나 수용, 또는 내가 아는 그를 감안할 때, 반(反)제도주의 같은 단어가 나올 줄 알았다. 대신 그가 조용히 말한 한 단어는 '의존'이었다.

"아무도 혼자서는 못하네. 예수님도 그래서 오신 것 아닌가?" 그는 설명했다. "그런데 교회 사람들은 대부분 경건하거나 우월하다는 자기만족의 태도를 풍기거든. 그들이 하나님이나 서로를 의식적으로 의지한다는 게 난 느껴지지 않네. 그들의 삶은 정돈된 듯 보이지. 알코올 중독자가 교회에 가면 열등하고 모자란 기분이 든다네." 한참 말없이 앉아 있던 그의 얼굴이 미소로 주름이 졌다. "이상하지. 내가 제일 싫어하는 내 모습이 알코올 중독인데 하나님은 바로 그걸 통해 나를 부르셨으니 말일세. 하나님 없이는 내가 살아갈 수 없음을 그 덕분에 안다네. 하루하루 헤쳐 나가려면 그분께 의존할 수밖에 없거든. 어쩌면 그게 알코올 중독의 구속(救贖)적 가치인지도 모르지. 어쩌면 하나님은 우리 알코올 중독자들을 부르셔서, 그분과 그분의 지상 공동체에 의존한다는 게 어떤 것인지 성도들에게 가르치게 하시는지도 모르겠네."

친구네 자정 교회에서 나는 겸손과 절대 정직, 절대 의존(하나님과 긍휼에 찬 친구 공동체에 대한)의 필요성을 배웠다. 생각해 보면, 그런 특성들이야말로 예수님이 교회를 세우실 때 뜻하셨던 바로 그것이 아닌가 싶었다.

역사가 어니스트 커츠(Ernest Kurtz)에 따르면, AA는 빌 윌슨(Bill Wilson)이 밥 스미스(Bob Smith) 박사를 처음 만나며 깨달은 내용 때문에 시작되었다. 빌은 혼자서 6개월째 술을 끊은 상태였는데, 타지방으로 출장을 갔다가 그만 사업 계약이 결렬되었다. 우울한 마음으로 호텔 로비를 서성이고 있는데, 익숙한 웃음소리와 얼음이 든 술잔을 흔드는 소리가 들렸다. 그는 '술이 필요하다'는 생각에 바(bar)로 향했다.

그때 쿨쑥 전혀 새로운 생각이 들면서 그를 그 자리에 멈추어 서게 했다. '아니, 나에게 필요한 건 술이 아니라 다른 알코올 중독자다!' 그는 전화기가 있는 로비로 걸어가 여기저기 전화를 돌리기 시작했고, 나중에 AA 공동 설립자가 된 스미스 박사와 연결된 것이다.

교회란 "나에게 필요한 건 죄짓는 게 아니라 다른 죄인이다"라고 부끄럼 없이 말할 수 있는 곳이다. 함께라면 서로 곁길로 빠지지 않도록 든든히 지원해 줄 수 있을 것이다.

:: 하나님의 운전면허 관리공단

솔직히, 나는 대부분의 시간을 나와 아주 비슷한 사람들과 함께 보낸다. 내 친구들은 교육, 나이, 가치관 면에서 나와 거의 닮은꼴이다. 비슷한 자동차를 몰고, 커피와 책과 음악의 취향도 비슷하다. 나는 여러 민족 집단—예컨대, 백만에 달하는 시카고의 폴란드 사람들, 현재 내가 살고 있는 콜로라도의 많은 히스패닉 사람들—에 대해 알기는 하지만, 그들과 마주치는 일은 거의 없다. (히스패닉 식품점에서 장을 보려 해 보았으나 가지각색의 콩만 있는 기다란 두 통로에서 대책 없이 길을 잃고 말았다.)

그런데 3년에 한 번씩 운전면허 관리공단에서 나에게 운전면허증을 갱신하러 오라는 통지서가 날아온다. 필기 시험을 보아야 할 때도 있고, 그냥 양식을 작성하고 사진만 찍을 때도 있다. 그래도 매번 최소 한 시간은 줄을 서서 가지각색의 사람들 틈에 섞여 있어야 한다. 내게는 더없는 교육의 시간이다.

나는 혼자서 의문에 잠긴다. 세상에 살찐 사람들이 이렇게 많다니! 내 친구들은 왜 대부분 날씬한 쪽일까? 비만인 이 사람들은 다 어디서 살까? 이들의 친구는 누구일까?

노인들도 이렇게 많다니! 시사 잡지에서 미국의 노령화에 대해 읽어 보긴 했지만, 역시 내가 꾸준히 접촉하는 사람들 중에 나와 연령대가 다른 사람은 거의 없구나.

날마다 너저분한 청바지에 카우보이 장화를 신는 사람들, 탈취제의 존재를 아직 모르는 사람들, 치열 교정 의사를 보지 못하고 자란 사람들이 얼마나 많은지 정말 놀랍다. 이곳 운전면허 관리공단 접수처야말로 현실 세계다. 매주 그 많은 "내셔널 인콰이어러"(*National Enquirer*) 잡지를 사 가는 사람들이 여기 있었구나.

나의 그런 반응은 고립된 내 모습의 반영일 수 있다. 하지만 인간은 누구나 본능적으로 자기와 비슷한 사람들 쪽으로 기울며, 부득이한 사정이 없는 한 좀처럼 그 반경을 벗어나지 않는 것 같다. 운전면허 관리공단에서 출두 통지서가 오거나 교회에서 다양한 사람들을 접하거나 하지 않는다면 말이다.

이미 말했듯이 라살 스트리트 교회는 인적 구성이 매우 다양했다. 하지만 돌아보면, 내가 다녀 본 모든 교회에 어느 정도의 다양성은 있었다. 내가 어려서 다녔던 조지아 주 애틀랜타의 교회의 경우, 지금도 애틋하게 생각나는 사람이 둘 있다. 주일학교 교사였던 어머니와 따로 예배를 드릴 때 내 곁에 앉았던 사람들이다. 내가 페이튼 여사와 함께 앉는 걸 좋아한 까닭은 그 목에 두른 동물 때문이었다. 두 마리 밍크가 서로 꼬리를 물고 있던 그녀의 숄은 굉장히 화려해 보였다. 예배 시간 내내 나는 밍크의 반짝이는 딱딱한 눈, 날카롭고 뾰족한 이빨, 보드라운 가죽, 북슬북슬한 꼬리를 만지며 놀곤 했다. 페이튼 여사의 밍크 덕분에 많은 지루한 설교를 견딜 수 있었다.

폰스 씨는 목에 동물을 두르지는 않았지만 그보다 친절한 사람을 나는 어디서도 보지 못했다. 여섯 자녀를 둔 그는 꼭 무릎 위에 아이가 앉아 있을 때만 행복해하는 사람 같았다. 덩치가 컸던 그는 예배 시간 내내 나를 무릎에 견히 앉혀 놓고도 생전 다리가 저릴 법이 없었다. 그는 내가 교회 주보에 그리는 그림들을 칭찬해 주었고, 내 손바닥에 재미난 얼굴들을 그려 주었는데, 그 얼굴들은 내가 손가락을 어떻게 움직이느냐에 따라 웃기도 하고 윙크를 보내기도 했다.

친절함 말고도 폰스 씨가 기억나는 이유가 또 있다. 무릎에 앉아 올려다보면 훤히 보이던 그의 무성한 코털이었다. 그때 만일 누군가가 페이튼 여사와 폰스 씨 중에서 누가 더 좋으냐고 나에게 물었다면, 나는 선뜻 대답하지 못했겠지만 아마도 폰스 씨 쪽으로 기울었을 것 같다. 겨우 한 살 때 아버지를 여읜 나에게 폰스 씨는 푸근한 남자 어른의 자리를 메워 주었다.

나중에 나이가 들고 세상 물정에 눈뜨면서 나는 페이튼 여사와 폰스 씨에 관해 더 알게 되었다. 페이튼 여사는 부자였고 그래서 목에 동물도 두를 수 있었다. 그녀의 집은 성공한 캐딜락 대리점을 운영하고 있었다. 반면에 폰스 씨는 쓰레기차 운전사였고 수입은 겨우 대가족을 먹여 살릴 정도였다. 그런 사실을 알고 나자 부끄럽게도, 내가 어른이었다면 아마 폰스 씨와 친구가 되지 않았을 거라는 생각이 들었다. 그와 대화하면 어색했을 것이고 화제가 떨어졌을 것이다. 아마 우리는 공통 관심사가 별로 없었을 것이다.

내가 어려서 다니던 예수 그리스도의 교회에 그 두 분이 함께 있었다는 건 정말 감사한 일이다. 교회는 털옷을 걸친 페이튼 여사도 코털이 많은 폰스 씨도 똑같이 환영받는 곳이어야 한다. 굳이 3년을 기다려 운전면허 관리공단에 가서야 현실 세계가 어떤 곳인지 상기할 필요는 없다.

존 하워드 요더(John Howard Yoder)는 이렇게 말했다.

교회는, 신문사나 통신사가 어떤 메시지를 받아 그대로 전달하듯 단순히 메시지를 전달하기만 하는 곳이 아니다. 그리고 학교에서 동창회가 결성되고 이름난 영화에 관객이 끓듯, 단순히 어떤 메시지 때문에 결과적으로 생겨나는 집단도 아니다. 다양한 남녀를 하나의 새롭고 온전한 사회를 이루도록 부르신 것 자체가 하나님의 핵심적 사역이며, 그 새로운 사회야말로 역사에 깊은 의미를 던진다.

:: 하나님의 응급 진료소

최근 들어 편의점처럼 주택가나 쇼핑가, 일반 상가 등지에 응급 진료소라는 신종 병원이 속속 생겨나고 있다. 명칭은 다르지만 본질상 병원 없는 응급실이다. 이제 병원까지 멀리 차를 몰고 가서 복잡한 양식을 여섯 개나 작성하고, 사고 환자들이 먼저 들어가는 동안 혼잡한 로비에서 한 시간씩 기다릴 필요가 없어졌다. 응급 진료소로 가면 손가락도 꿰매 주고, 부은 발목도 검사해 주고, 복통도 진단해 준다.

나는 교회를 그런 응급 진료소에 비유하고 싶다. 장시간 열려 있고, 찾기 쉽고, 불시의 응급 사태로 찾아오는 사람들의 필요를 기꺼이 채워 주는 곳 말이다.

전에 나는 기독교가 '목발' 종교, 즉 가난한 사람들과 지체

부자유자들과 혼자 힘으로 살아갈 수 없는 사람들이나 끌어들이는 신앙이라는 비난을 들으면 신경이 곤두섰었다. 하지만 복음서와 예언서를 더 읽어 볼수록 '목발' 신앙을 쾌히 인정하게 된다. 기독교를 그렇게 경멸조로 말하는 부류는 대개 뛰어난 실적으로 성공한 자신만만한 사람들, 누구의 도움도 청하지 않고 혼자 힘으로 정상에 오른 사람들이다.

솔직히, 자신의 필요를 인정하지 않는 사람들에게는 복음이 줄 게 별로 없다. 예수님은 심령이 가난한 자, 애통하는 자, 박해받는 자가 복이 있다고 하셨다. 기본적인 회개를 하려면 하나님 앞에 엎드려, 오직 하나님만이(나 자신이 아니라) 내게 삶의 길을 가르쳐 주실 유일한 분임을 인정해야 한다. (어쩌면 그래서 예수님은 부자를 천국에 들어가기 가장 힘든 부류로 꼽으셨는지도 모른다.)

하지만 슬픔과 고통에 찬 우리네 세상에 그렇게 실적이 뛰어난 자신만만한 사람들은 사실 극소수에 지나지 않는다. 잠시 우리 동네 사람들만 생각해 보아도 고통에 빠진 사람들이 너무나 많다. 뇌손상을 입은 자식 때문에 앞이 캄캄한 가정도 있고, 문란한 성생활과 싸우는 동성애자도 있고, 말기 암 진단을 받은 사람도 있고, 졸지에 일자리를 잃은 사람도 있다. 이들뿐 아니라, 너 나 할 것 없이 누구나 외로움, 교만, 가끔의 우울, 두려움, 소외 같은 통상적 인간 조건과 싸워야만 한다. 우리가 작은 생채기와 멍, 큰 골절과 망연한 정신적 상처를 가지고 갈 수 있는 곳은 어디인가?

바로 고회다. 고린도 서신을 다시 읽어 보면, 강한 훈계 외에도 바울의 애정 어린 관심과 자상함을 느낄 수 있다. 내 생각에 바울은 자신이 지중해 연안에 세운 좀더 안정된 교회들보다 고린도 교회를 위해 더 열심히 기도하고 더 노심초사하지 않았을까 싶다. 고린도는 응급 진료소 같은 교회였다. 말썽 많은 사람들이 모인 만큼 상황이 어려웠고, 바로 그래서 바울은 그 교회가 잘되기를 바랐다.

기독 교회의 역사를 생각하면서 나는 종교 재판, 십자군 전쟁, 인종 대학살, 투의 남용 등 예수 그리스도의 이름으로 자행된 많은 일들에 부끄러움과 서글픔을 느낀다. 그러나 교회는 사람의 상처를 싸매 주는 한 가지 일만큼은 제대로 해 온 것 같다. 미국 주요 도시들에 있는 큰 병원들의 이름을 보면 침례, 장로, 감리 같은 단어나 성 유다, 성 누가 같은 성인의 이름이 들어가 있는 경우가 아주 많다. 오늘날에는 그런 병원 중 다수가 종교적 성격이 흐려졌지만, 그래도 이름을 보면 세상의 아픔에 실제적으로 반응한다는 교회의 사명에서 세워진 기관임을 알 수 있다.

해외로 가면 그런 추세는 더 분명해진다. 인도 같은 나라는 자칭 그리스도인이 인구의 3퍼센트밖에 안 되지만, 의료 서비

스의 거의 3분의 1을 그리스도인들이 제공하고 있다. 인도 사람 아무한테나 그리스도인이 누구냐고 물어 보면, 아마 자기 자식의 목숨을 구해 주었거나 가족을 치료해 준 사람이라고 답할 것이다. 일례로, 한센병 연구와 치료의 굵직한 성과는 대부분 인도에 나간 기독교 선교사들을 통해 이루어졌다. 왜 그럴까? 불가촉천민이 대부분인 한센병 환자들 속에서 기꺼이 목숨 바쳐 일하려 한 사람이 그들 외에는 없었기 때문이다.

물론 우리가 다 의사나 간호사가 될 수는 없다. 그리고 꼭 우리가 아니어도, 기술이 발달한 나라들은 국민들에게 여러 가지 의료적 혜택을 주고 있다. 그렇더라도 여전히 교회 같은 사랑의 공동체가 행하는 치유의 사역은 절실히 필요하다. 불치병에 걸린 사람들을 보살피는 현대 호스피스 운동을 데임 시슬리 손더스(Dame Cicely Saunders)라는 그리스도인 의사가 창시했다는 것, 호스피스 기관들의 대다수가 종교와 연관되어 있다는 것은 결코 우연이 아니다.

규모는 작지만, 그런 과정이 실제로 벌어지는 예를 내가 다녔던 한 신도시 교회에서 본 적이 있다. 특이할 것 없는 작은 교회였다. 예배도 별로 창의적이지 못했고 목사의 설교도 그저 그랬다. 그러나 그 교회는 데브라 베이츠라는 한 사람한테만은 응급 진료소의 역할을 톡톡히 해냈다.

데브라의 남편은 어느 날 네 자녀와 낡은 집만 남기고 갑자기 딴 여자한테 가 버렸다. 양육비도 거의 대지 않았다. 몇 달 동안 데브라는 교인들의 어깨에 기대어 울며, 자신의 죄책감과 거부당한 기분을 추스르려 애썼다. 실제적인 필요도 있었다. 지붕이 샜고, 하수구가 막혔고, 자동차가 덜컹거렸다. 데브라는 장기적인 도움이 필요했다.

그 작은 교회에서 스무 명이나 되는 사람이 시간을 내서 데브라의 아이들을 봐 주고, 페인트를 칠해 주고, 집이나 자동차를 고쳐 주었다. 그녀를 채용하여 새 일을 가르쳐 준 사람도 있었다. 한 부유한 여자는 자녀들의 교육비를 대겠다고 나섰다. 적어도 5년 동안 데브라는 교인들이 주는 '목발'을 짚고 절뚝절뚝 걸었다.

아마 잡다한 사람들이 모인 고린도 교회도 종종 응급 진료소 역할을 했을 것이다. 바울은 그 교회에서 치유를 얻은 한 사람을 언급한다. 고린도전서에는 계모와 음행한 사람에 대한 사도의 충격과 격노가 표현되어 있다. "이방인 중에서도 없는"(5:1) 부도덕한 일이었다. 한때 바울은 그 사람을 사탄에게 내주려고 했다. 그런데 많은 학자들은 고린도후서 2장에 등장하는 사람이 바로 그 사람이라고 보고 있다. 이미 그를 치리한 교회는 이제 그를 용서하고 다시 양떼 속으로 받아들일 준비가 되어 있었다. 응급 치료가 효과를 발한 것이다.

그간 나는 교회 성찬식을 거들 기회가 여러 번 있었다. 교인들은 삼삼오오 앞으로 나와 무릎을 꿇었다. 나는 빵 조각을 떼어 각 사람에게 일일이 건네며 "그대를 위해 찢기신 그리스도의 몸"이라고 말하곤 했다. 나는 모든 사람을 알지는 못했지만, 예배 동지들 속에서 위로와 치유가 절실한 사람 정도는 알아볼 수 있었다. 데브라처럼 남편한테 버림받은 여자들, 봉급을 고향으로 보내 대가족을 먹여 살리는 인도 출신 노동자 주디, 회사의 포르노 제작이 마음에 걸려 인쇄소를 그만둔 뒤로 아직 일자리를 구하지 못한 조시, 젊은 나이에 루게릭 병에 걸려 누가 앞에까지 데리고 나와야만 하는 새라.

한 젊은 엄마는 아기에게 젖을 물린 채로 성찬을 받으러 나왔다. 그때 나는 성찬을 통해 영의 양식이 전달되는 상징적인 그림을 볼 수 있었다. 육의 양식은 직접 엄마의 몸으로 들어가 갓난아기에게 전해졌고, 아기는 생존에 필요한 것을 전적으로 엄마에게 의존하고 있었다. 빵 조각을 떼어 각 교인이 내미는 손에 하나하나 놓아 주면서, "그대를 위해 찢기신 그리스도의 몸"이라는 말이 새삼 깊은 의미를 띠었다. 교회는 우리가 고통을 가져갈 수 있는 곳이다. 교회를 세우신 분이 우리에게 생명을 주시려고 자기 몸을 찢으셨기 때문이다.

:: 하나님의 전철

몇 년 동안 시카고 맨 남단에 있는 시카고 대학교에서 문학 수업을 들은 적이 있다. 거기까지 가려면 시카고 고가 전철을 타고 85블록쯤 가서 시내 버스로 갈아타야 했다.

전철 그간은 사회학적인 시카고 일주나 다름 없었다. 내가 타는 지점에서는 영어가 스페인어나 그리스어나 폴란드어에 묻혀 들리지 않을 때가 많았다. 그러다 시카고 도심의 순환 구역이 가까워지면 정장 차림의 여피족이 주를 이루었다. 이민자 무리와 여피족 모두 전동차가 남쪽에 닿기 전에 내렸다. 남쪽에 가면 흑인밖에 보이지 않았고, 전동차는 중산층 지역, 저소득층 지역, 시카고 범죄 지역을 차례로 지나갔다.

나는 차창 밖의 교회들을 눈여겨보기 시작했다. 이민자 지역에는 천주 교회들이 군데군데 있었다. 돔과 종탑을 갖추어 유럽식으로 지은 미니 성당들이었다. 흑인 구역은 주로 상가 교회였는데, '쁠라 땅 선교 교회'(사 62:4 참조—역주), '그리스도 안어서 성령으로 형제 된 하나님의 교회' '반석의 물 침례교회' 등 이름도 특이했다. 마침내 전동차가 시카고 대학교에 가까워지면 록펠러 집안에서 건축한 장중한 고딕 성당이 눈에 들어왔다.

학교에서 나는 T. S. 엘리엇, W. H. 오든, 쇠렌 키에르케고르, 존 던, 일본의 그리스도인 소설가 엔도 슈사쿠 같은 작가들을 공부하며 시간을 보냈다. 그리고 수업이 끝나면 위풍당당한 회색 건물들을 나와 같은 길로 되돌아왔다. 이번에는 빈민가에서 시작하여 모자이크처럼 다양한 지역을 역순으로 거슬러 올라왔다.

거듭거듭 기독교 신앙의 방대한 폭이 내게 강하게 다가왔다. 그 신앙에 담긴 위엄과 심오함은 존 밀턴이나 존 던, 톨스토이, T. S. 엘리엇 같은 지성들에게 감화를 끼치기에 충분했고, 오늘까지 그들의 작품을 공부하는 불가지론자 대학원생들에게 도전을 준다. 그런데 처음 그 복음을 위탁받은 사람들은 소박한 시골 사람들이었다. 그러니까 기독교의 창시자들 중에는 아마 글을 읽거나 쓸 줄 모르는 사람들도 있었을 것이다. 예수님 자신도 우리가 공부할 원고를 남기신 게 없다.

시카고 대학교를 전철로 통학하면서 나는 교회의 양면을 확실히 보았고, 그 둘 모두에서 배워야 한다는 사실도 깨달았다. 반석의 물 침례교회로부터는, 모든 남녀에게 능히 다가가는 복음의 단순한 아름다움을 배운다. 이 땅에 살아 현존하시는 하나님의 영을 구하는 법도 배운다. 동시에 나는 키에르케고르나 엔도 슈사쿠 같은 저자가 그려 내는 신비도 만날 수 있으며, 우리 중에 십자가의 메시지나 하나님의 은혜의 메시지를 다 이해하는 사람은 아무도 없음을 깨닫고 겸허해진다.

파스칼도 그 진리를 인식했다.

대부분의 타종교들은 외면적 요소로 되어 있어 인기가 더 좋지만 교육받은 이들을 위한 것은 못 된다. 반대로, 순전히 지적인 종교는 식자들에게는 더 잘 맞겠지만 범인들에게는 쓸모가 없다. 외면과 내면을 고루 갖춘 기독교만이 만인에게 적합하다. 기독교는 평범한 사람들을 내면으로 높이고 교만한 사람들을 외면으로 낮춘다. 양쪽 다 있어야지 그렇지 않으면 온전하지 못하다. 범인들은 성경의 정신을 깨달아야 하고, 식자들은 자신의 정신을 성경에 복종시켜야 하기 때문이다.

사도 바울의 표현대로, "하나님께서 세상의 미련한 것들을 택하사 지혜 있는 자들을 부끄럽게 하려 하시고, 세상의 약한 것들을 택하사 강한 것들을 부끄럽게 하려 하셨다"(고전 1:27). 그렇다. 물론 하나님은 사도 바울같이 똑똑한 사람들도 가끔 택하셨지만, 그의 대단한 지성도 하나님과의 만남이라는 실체에는 비할 바가 못 되었다. 교회, 하나님의 교회는 낮은 자를 높이고 높은 자를 낮출 만큼 크고도 작은 것이다.

2. 하나님의 스케치

::하나님의 가족

가족 이미지는 성경에 나오는 것이라 안심하고 사용할 수 있다. 하지만 내가 믿기로, 교회를 가족으로 보는 시각은 사회의 변화 때문에 성경 시대보다 오늘날 더 그 의미가 크다.

창세기를 읽어 보면 가족들의 역사가 나온다. 우선, 착한 아들과 못된 아들을 둔 아담과 하와의 가족으로 시작된다. 계속 읽어 나가면 아브라함 가족을 만난다. 이 가족은 제대로 모양새를 갖추는 데만 수십 년이 걸렸다. 이어 이삭의 가족, 야곱의 가족 이야기가 나온다. 그리고 이 야곱의 가족에서 나머지 가족의 이야기가 흘러나온다. 그래서 야곱의 새 이름인 '이스라엘 자손'의 역사를 기록한 것이 구약 성경이다.

이런 접근을 문명의 흥망성쇠 중심으로 돌아가는 현대의 역사 교과서와 비교해 보라. 요즘 신문은 국가, 도시, 대학, 정부 기관, 회사에 관한 기사로 가득 차 있다. 초점이 가족에서 기관으로 옮겨 갔다. 하지만 신약 성경이 한사코 보여 주는 교회는 기관보다 가족에 더 가깝다.

기관을 떠받치는 것은 신분과 계급이다. 육군 병사는 자신의 서열을 정확히 알며, 제복에 붙은 계급장이 계급을 말해 준다. 서열의 경쟁은 초등학교 1학년 성적표의 A, B, C, F에서부터 시작된다. 기업 세계에서는 직함과 연봉과 그 밖의 '특전'이 신분을 상징한다. 뉴욕 세계무역센터를 엘리베이터로 한 층씩 올라가 보면, 건물이 높아질수록 간부들의 신분도 올라가는 것을 사무실의 가구만 보고도 알 수 있다.

기관에서 신분의 근거는 업무 성과다. 인간은 신분이라는 보상에 흑한다는 것을 기업 세계는 터득했다. 신분은 강력한 동인이 될 수 있다. 그러나 가정에서는 신분의 원리가 다르다. 가족의 신분은 어떻게 얻는가? 자녀는 태어났다는 사실만으로 가족의 권리를 **얻는다**. 실력이 모자란 아이라고 집에서 내쫓지 않는다. 사실, '생산성'이 낮은 병약한 자식이 건강한 자식들보다 실제로 관심을 더 받을 수도 있다.

비슷하게, 하나님의 가족도 "유대인이나 헬라인이나 종이나 자유인이나 남자나 여자나 다 그리스도 예수 안에서 하나이니라" 그 성경은 밝히 말한다. 그런 모든 인위적인 구분은 하나님의 은혜의 햇볕에 이미 녹아 버렸다. 우리는 하나님의 양자이므로 맏아들 예수 그리스도께서 친히 누리시는 것과 똑같은 권리들을 얻는다. 에베소서와 같은 책은, 자격 없는 우리에게 일어난 이토록 놀라운 사실들을 거듭 강조하고 있다.

그래서 나는 가족이 아니라 기업체처럼 돌아가는 지역교회들을 보면 서글퍼진다. 사도 바울은 은사를 논하는 자리에서, 한 지체를 다른 지체보다 더 중히 여기지 말라고 엄히 경고한다.

눈이 손더러 내가 너를 쓸 데가 없다 하거나, 또한 머리가 발더러 내가 너를 쓸 데가 없다 하지 못하리라. 그뿐 아니라 더 약하게 보이는 몸의 지체가 도리어 요긴하고, 우리가 몸의 덜 귀히 여기는 그것들을 더욱 귀한 것들로 입혀 주며 우리의 아름답지 못한 지체는 더욱 아름다운 것을 얻느니라. 그런즉 우리의 아름다운 지체는 그럴 필요가 없느니라. 오직 하나님이 몸을 고르게 하여 부족한 지체에게 귀중함을 더하사, 몸 가운데서 분쟁이 없고 오직 여러 지체가 서로 같이 돌보게 하셨느니라. 만일 한 지체가 고통을 받으면 모든 지체가 함께 고통을 받고 한 지체가 영광을 얻으면 모든 지체가 함께 즐거워하느니라. (고전 12:21-26)

인간의 몸은 교회의 은유로서 바울이 제일 좋아하던 것이었다. 그렇다면 이런 진리가 실제로 사람들의 모임 속에서 어떻게 나타날까? 내가 떠올릴 수 있는 최선의 방법은 명절날 식탁에 둘러앉은 가족의 장면으로 돌아가는 것이다.

어느 집안에나 성공한 사람도 있고 처참하게 실패한 사람도 있게 마련이다. 추수감사절이 되면, 기업체 부사장인 메리 이모가 만년 실업자에 술고래인 찰스 삼촌과 나란히 앉는다. 식탁에 둘러앉은 식구들 중에는 똑똑한 사람도 있고 우둔한 사람도 있고, 못생긴 사람도 있고 잘생긴 사람도 있고, 건강한 사람도 있고 장애인도 있지만, 가정에서는 그런 차이가 무의미해진다. 사촌 조니가 자꾸 가족들을 멀리하는 것 같지만, 그렇다고 실제로 그를 제명할 수는 없다. 나머지 모두와 마찬가지로 그도 한 식구다. 모두가 같은 조상에게서 태어났고 세포 속에 같은 유전자가 들어 있기 때문이다. 실패했다고 가족의 자격을 잃는 게 아니다. 로버트 프로스트(Robert Frost)는 가정이란 "내가 거기로 가야만 할 때 식구들이 나를 받아 주어야만 하는 곳"이라고 했다.

때로 나는 하나님이 우리에게 다른 기관들 속에서 관계 맺는 법을 가르치시는 훈련장으로 가정이란 제도를 만드셨다는 생각이 든다. 가정이 가장 잘 돌아갈 때는 서로의 차이를 무시할 때가 아니라 오히려 그 차이를 즐거워할 때다. 건강한 가정은 강한 식구를 끌어내리지 않으면서 가장 약한 식구를 세워 준다. 존 웨슬리(John Wesley)의 어머니는 이렇게 말했다. "어떤 자식을 제일 사랑하느냐고요? 나는 병든 자식이 나을 때까지는 병든 자식을 제일 사랑하고, 집 떠난 자식이 돌아올 때까지는 집 떠난 자식을 제일 사랑한답니다."

인간의 제도 중에서 유일하게 선택권이 없는 것이 가족이다. 출생 자체로 이미 한 식구가 되는 것이다. 그러다 보니 우리는 이상하고 특이하고 별난 사람들과 본의 아니게 하나로 묶이게 된다. 그리고 교회는 거기서 한 걸음 더 나아가기를 요청한다. 다같이 예수 그리스도 안에 있기 때문에, 이상하고 별난 사람들과 자발적으로 하나가 되라는 것이다. 내 경험상 그런 공동체는 인간의 다른 어떤 기관보다 가족을 더 닮았다. 헨리 나우웬(Henri Nouwen)은 공동체를 "가장 함께 살기 싫은 사람이 반드시 살고 있는 곳"이라 정의한 바 있다. 이 정의는 매년 추수감사절에 모이는 가족에 대해서든 매주 일요일 아침에 모이는 회중에 대해서든 똑같이 적용된다.

:: 하나님의 선수 탈의실

텔레비전 중독과의 싸움이라면 나는 거의 1년 내내 거뜬히 이겨 낼 수 있다. 하지만 다른 책에도 썼듯이, 매년 이른 봄이면 '3월 병'이라는 요상한 세력이 나를 NCAA(미국 대학 체육협회) 농구 대회라는 연례 의식 앞으로 잡아끈다. 텔레비전 중계를 보고 싶은 유혹을 떨칠 수 없는 것이다.

그 젊은 선수들이 당하는 압박감은 누구도 차마 겪을 일이 못 된다. 열아홉이나 스물의 나이에 그들은 3천만 명의 텔레비전 시청자 앞에서 실력을 보여야 한다. 드리블과 리바운드 하나하나에 자기 학교와 주(州)와 장래 프로로 뛸 인생의 무게가 몽땅 실려 있다. 최종 4강의 결승전은 꼭 마지막 몇 분 사이에 팽팽해지고, 시즌의 결정적인 마지막 장면은 매번 18세의 어린 학생이 1초를 남겨 두고 자유투 라인에 서 있는 순간으로 구착되는 것 같다.

자유투 라인에 선 그가 불안한 듯이 드리블을 한다. 상대 팀에서 그를 죽이려 막판에 작전 타임을 부른다.

자유투를 던질 그 선수는 2분 동안 사이드라인에 앉아 코치의 말을 듣는다. 2만 명의 팬들이 잠시 후에 있을 자신의 슛을 응원하며 함성을 지르지만, 그는 애써 그 생각을 떨친다. 팀 선수들이 격려차 어깨를 쳐 주지만 아무도 입은 열지 않는다. 시즌 내내 그는 연습 자유투를 십만 번쯤 던져 4분의 3을 성공했다. 하지만 이번 자유투는 다르다.

슛이 성공하면 그는 캠퍼스에서 영웅 중의 영웅이 된다. 사진이 신문 1면을 장식하고 주지사감으로 등극한다. 하지만 실패하면 놀림감 중의 놀림감이 된다. 팀 선수들을 다시 어떻게 대할 것인가? 삶에 어떻게 맞설 것인가? 20년이 지나도 그는 어느 상담실에 앉아 자신의 모든 문제를 이 결정적 순간으로 더듬어 올라갈 것이다. 그가 자유투 라인으로 돌아온다. 주름진 얼굴에 농구 인생 전체의 긴장이 서려 있다.

어느 해던가 한번은 그 선수가 막 슛을 던지려는데 전화가 와서 잠깐 방을 나간 적이 있다. 선수는 이마를 잔뜩 찌푸린 채 왼쪽 구륜을 떨며 아랫입술을 깨물고 있었다. 2만 명의 관중이 그 선수의 주의를 흐려 놓으려고 고함을 지르며 깃발과 손수건을 흔들었다.

통화가 예상보다 길어져 한참 후 돌아와 보니 화면은 완전히 바뀌어 있었다. 그 선수가 물에 흠뻑 젖은 머리를 하고는 농구 네트를 찢으며 팀 선수들의 어깨에 올라타 있지 않은가. 세상의 모든 근심이 사라졌다. 환한 웃음이 화면을 가득 메웠다. 슛을 넣었던 것이다!

그 두 정지 화면(한 선수가 자유투 라인에 구부리고 서 있는 장면과, 친구들의 어깨에 올라 타 기뻐하는 장면)이 내게는 율법과 은혜의 차이를 상징하는 것 같았다. 율법 아래서 내 운명은 내 모든 행위에 달려 있다. 관중과 코치와 선수 스카우트 담당자들의 마음에 들려면(하나님의 마음에 들려면) 슛을 넣어야 한다. 내 영원이 거기에 달려 있다. 넣지 못하면 영원히 낙인이 찍힌다. 실패란 있을 수 없다.

하지만 예수님의 나라는 우리를 다른 길로 부른다. 그 길로 나아가는 조건은 우리의 행위가 아니라 그분이 하신 일에 있다. 우리는 성취해 내야 한다는 부담 없이 그냥 예수님을 따르기만 하면 된다. 예수님은 이미 값비싼 승리를 통해 우리가 하나님께 받아들여지도록 하셨다. 그러므로 교회까지 경쟁을 통해 행위에 점수를 매기는 곳이 되어서는 안 된다. 교회는 승리 팀의 선수 탈의실처럼 기뻐 환호하는 곳, 감사하는 곳이다. 모두가 용서받았고, 하나님은 사랑이시며, 승리가 보장되어 있다는 그 놀라운 소식을 축하하는 곳이다. 교회는 율법주의의 성채가 아니라 세상에 빛을 밝히는 은혜의 등대불이다.

그것이 적어도 성경이 말하는 교회다.

:: **최고의 은유**

오늘의 교회를 묘사할 여러 은유를 찾아 상상의 날개를 펴다 보니 다양한 은유가 머릿속에 떠올랐다.

교회는 하나님의 복지 사무소다. 시각장애인을 고쳐 주고, 포로를 풀어 주고, 배고픈 사람에게 먹을 것을 주고, 가난한 자에게 기쁜 소식을 전하는, 예수님이 선포하신 본래의 명령을 수행하는 기관이다.

교회는 하나님의 동네 단골집이다. 텔레비전 프로그램 "치어스"(1982-1993년에 방영된 NBC 시트콤—역주)에 나오는 것처럼 내 형편없는 상사, 심장병이 있는 노스캐롤라이나 주의 내 어머니, 지지리 말을 안 듣는 내 십대 자녀에 대해 훤히 알고 있는 사람들이 으레 드나드는 곳이다. 내 사는 이야기를 마음껏 풀어 놓아도 누가 으스대며 깔보는 게 아니라 동정 어린 눈길을 얻을 수 있는 곳이다.

이런 여러 은유를 떠올려 보았지만, 어느새 나는 바울이 도달했던 가장 정확하고 적합한 은유로 자꾸 돌아가고 있었다. 바로 그리스도의 몸이라는 은유다. 고린도전서 12-14장이 어럼풋이 윤곽을 드러낸 이 주제는 이후의 다른 서신들에도 등장한다. "몸은 하나인데 많은 지체가 있고, 몸의 지체가 많으나 한 몸임과 같이"(12:12). 눈과 손, 신장, 발, 코 등이 제 기능을 다하려면 통일성과 다양성이라는 양극의 힘이 균형을 이루어야 한다. 마찬가지로 교회도 그리스도 예수 안에서 하나된 가지각색의 사람들이 한데 어우러져야 한다.

이 위대한 이미지가 드러내는 교회와 몸의 모든 유사성은 굳이 여기서 다루지 않겠다. 나는 폴 브랜드(Paul Brand) 박사와 함께 두 권의 책, 「나를 지으신 하나님의 놀라운 손길」(*Fearfully and Wonderfully Made*, 생명의말씀사 역간)과 「육체 속에 감추어진 영성」(*In His Image*, 그루터기하우스 역간)을 쓰며 이 주제를 다루었다. 내가 보기에, 몸의 가장 중요한 교훈은 이것이다. 세상 속에서 하나님의 임재는 무엇보다 우리―당신과 나―를 통해 나타난다는 것이다.

하나님은 어떤 분이신가? 어디에 사시는가? 세상이 어떻게 하나님을 알 수 있는가? 하나님의 임재는 더 이상 시나이 반도의 성막이나 예루살렘 성전에 거하지 않는다. 대신 하나님은 당신과 나같이 평범하고 못난 사람들 속에 살기로 하셨다. 콜로라도의 우리 교회 목사는 재치 있는 답변으로 이 점을 부각시킨다. 누가 그에게 "정말 아름다운 교회입니다!"라고 말하면 그는 "아, 감사합니다. 제가 그동안 다이어트를 했는데 이렇게 알아봐 주시니 기쁩니다"라고 답한다. 하나님의 교회는 콜로라도나 시카고 같은 곳들의 건물이 아니라 **사람들**로 이루어진다는 게 그의 요지다.

일요일 아침에 예배당 좌석을 채운 사람들을 둘러보면, 하나님이 어떤 모험을 감행하고 계시는지 알 수 있다. 무슨 이유에선지 이제 하나님은 불 기둥이나 구름 기둥으로도 아니고, 갈릴리에 오신 아들의 물리적인 몸을 통해서도 아니고 내가 다니는 교회를 비롯하여 하나님의 이름으로 모이는 다른 모든 교회를 구성하는 잡동사니 인간들을 통해서 세상에 자신을 계시하신다.

이 혼탁하고 어지러운 세상에서, 우리는 하나님이 어떤 분이신지를 함께 대변하고 세상에 하나님을 구현해 보이도록 부름받았다. 마르틴 루터는 우리를 '하나님의 탈'이라 불렀다. 하나님의 찬란한 영광을 세상이 직접 감당할 수 없으므로 하나님은 인간을 통해 자신을 표현하신다는 것이다.

사도 바울은 그 진리가 주는 충격에서 영 헤어나지 못한 것 같다. 그가 고린도의 일상적 문제들을 그토록 진지하게 대한 것은 그 문제들이 고린도 교회뿐만 아니라 하나님을 대변한다고 믿었기 때문이다. 세상의 눈앞에서, 우리 자신은 곧 하나님이 살아 계시다는 증거다. 우리 모습은 하나님의 모습을 가시적으로 드러낸다.

그래서 내 주변 사람들의 모습을 보면 쉽게 낙심이 된다. 우리가 하나님의 모습을 형편없이 드러낼 때가 많아서다. 그래도 나는 고린도전서 같은 책을 보면 불쑥 희망이 솟는다. 12-14장의 그 원대한 말들을 바울은 누구한테 썼던가? 바로 우상 숭배하는 자, 간음하는 자, 모욕하는 자 등 고린도의 잡다한 무리였다.

오늘 내가 아는 교회 중에 지금까지 말한 모든 은유를 만족시키는 교회는 하나도 없다. 그러나 모든 교회는 그 은유를 품고 희망을 속삭인다. 물론 부족하지만 우리는 다 하나님의 몸의 형체를 일면이나마 드러내는 존재다. 이미지를 이처럼 왜곡해서 보여 주는 교회를 하나님은 어떻게 보실까? 아마 말콤 머거리지(Malcolm Muggeridge)의 말대로 "영원이라는 시간 동안, 영원한 사랑의 무게와 끝없는 실망의 무게를 대 보며" 우리를 바라보실 것이다.

우리 인간은 하나님께 큰 고통을 안겨 드리지만, 그래도 하나님은 한결같은 열정으로 우리를 상대해 주신다. 나도 주변의 교회를 향해 그런 태도를 취해야 하지 않을까?

3장
벽을 넘어서

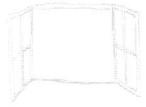

하나님이 자비에 찬 눈으로 보시는 것은,
당신의 현재나 과거의 모습이 아니라
당신이 되고 싶어 하는 모습이다.
「무지의 구름」 중에서

키에르케고르는 거위들의 교회 이야기를 비유로 들려주었다. 매주 집 거위들은 뒤뚱뒤뚱 교회에 들어가 하늘을 나는 경이로운 경험에 관한 설교자의 열변을 듣는다. "우리는 땅이나 걸으며 이곳에 남아 있을 필요가 없습니다. 공중으로 올라가면 곳으로, 더 행복한 나라로 유유히 날아갈 수 있습니다. 우리는 날 수 있습니다!" 매주 설교를 듣고 난 거위들은 "아멘!"을 꽥꽥거리고는 줄지어 나가 뒤뚱뒤뚱 집에 가서 하던 일을 계속 한다. 사실은 날개를 퍼덕이기만 하면 되는데 말이다.

솔직히, 앞 장의 여러 은유에 나오는 모습을 성취하기는커녕 그 근처에도 가지 못하는 교회가 많이 있다. 그들은 꼭 멤버들의 편익을 도모하는 사설 클럽 같다. 하지만 신약 성경은 교회에서 일어나는 모든 활동은 근본적으로 외부인들을 위한 것이어야 한다고 말한다. 무엇이 우리가 하나님이 뜻하신 교회가 되는 것을 가로막고 있을까?

한 교회가 높은 이상을 품고 출범하여 많은 활동을 쏟아내다가, 점차 비전이 흐려지면서 이상에 훨씬 못 미치는 수준에 주저앉고 마는 것은 우리에게 아주 익숙한 패턴이다. 교회 밖에서 안을 볼 때는 비판할 게 많았다. 그러나 교회에 온전히 들어가면서 신약 성경의 교회상을 비슷하게라도 유지한다는 게 정말 힘든 일임을 알게 되었다. 그리고 이제 나는 교회의 부족한 모습에 큰 연민을 느낀다. 나부터 거기에 한몫하고 있으니 말이다! 리처드 로어(Richard Rohr)는 교회가 "우리를 좌절시켜 거룩함에 이르게 한다"고 했다. 훌륭한 비전을 내걸지만 정작 현실은 칙칙하다는 것이다.

사실, 이상이 무너지는 그 패턴은 나도 사역 활동을 할 때마다 경험한다. 시작할 때는 힘이 넘치지만, 피로와 낙심의 벽에 부딪치면서 포기하고 싶어진다. 사역에 따르는 스트레스와 희생은 가장 헌신된 일꾼들까지 지치게 할 수 있다. 주는 것이 받는 것보다 더 복될 수 있지만 더 힘이 빠지기도 한다.

우리는 다 사역을 하도록 부름받았다. 그러나 거기서 생기는 힘든 문제(사역의 '직업병')를 잘 알지 못하면 교회는 어쩔 수 없이 위축되고, 우리의 사명은 세상을 섬기는 데서 내부 이익을 도모하는 데도 축소될 수밖에 없다. 그렇게 되면 우리도 다른 모든 기관과 같아지고, 교회 고유의 소명은 흐려진다.

사역에 열심인 그리스도인들을 지켜보고 나 자신의 경험을 돌아보면, 과민성과 둔감함 사이의 아슬아슬한 균형이 유지되는 것을 보게 된다. 어떤 일꾼들은 주변의 고통을 너무 민감하게 느낀 나머지 그 고통에 지고 만다. 반대로, 어떤 일꾼들은 마음이 무감각해져 사역이 그저 또 하나의 일처럼 된다. 일만 많고 보상은 별로 없는 자원봉사 업무처럼 되는 것이다. 둘 중 어느 쪽도 교회 일을 오래 하지 못한다. 나 자신의 몸에 벌어지는 비슷한 과정을 보면서 나는 그리스도의 몸 안에 벌어지는 그러한 과정에 대한 새로운 통찰을 얻었다.

:: 왼발의 혹

나는 발에 혹이 있다. 뼈 구조 때문에 생겨난 기형이다. 대부분의 사람들은 엄지발가락이 앞으로 쭉 뻗어 있거나 집게발가락 쪽으로 15도쯤 약간 기울어져 있다. 내 왼발(오른발은 수술로 교정했다)의 엄지발가락은 말도 안 되게 45도나 확 틀어져 다른 발가락들을 꽉 누르고 있다. 힘줄이 더 수축될수록 이 발가락은 옆 발가락 위를 덮을 것이고, 그리되면 왼발도 의사의 칼 앞에 내놓아야 할 것이다.

발가락이 안으로 굽으면서 발 옆에 보기 흉한 옹이가 앉았다. 뼈처럼 딱딱한 이 혹은 때로 고통을 유발하며, 늘 신발 구입을 어렵게 만든다. 신발 회사들은 옆에 크고 보기 흉한 혹이 붙은 신발을 만들지 않는다. 그래서 내가 사는 신발은 늘 오른발(수술로 교정된)에는 너무 크다. 또 옹이가 왼쪽 신발에 잘 적응해 주기만을 바라야 한다. 옹이는 늘 그 일을 잘 해주지만, 대가가 따른다.

20년 넘도록 조깅을 하면서 나는 내 몸이 신발에 적응하는 절차를 알게 되었다. 엄지발가락이 신발의 쿠션과 반대쪽으로 굽어져 있다 보니 달릴 때 힘을 별로 받지 못하는데, 신통하게도 발 전체가 그것을 감지하고 자체 힘으로 공백을 메워 준다. 우선 물집이 잡힌다. 이 한시적인 액체 패드는 달리기를 몹시 방해한다. 계속 달리면, 좀더 영구적인 대응책으로 발에 두껍고 딱딱한 각질층이 생긴다. 굳은살이다. 시간이 지나면 굳은살이 신발의 빈 곳을 메워 주어 달리기가 편해진다. 하지만 이것도 얼마 동안만이다.

결국은 굳은살이 너무 커져 신발에 쏠리고 굳은살 밑에 아픈 피멍울이 잡힌다. 그러면 나는 손질 도구를 꺼내 여린 분홍

색 진피가 나올 때까지 굳은살을 깎아 낸다. 그때부터 전체 사이클이 다시 반복된다.

전에는 그 혹이 원망스러웠고, 굳은살이 박이면 빨리 새살이 돋기만 기다렸다. 그러던 어느 날, 나와 함께 인간의 몸에 대해 세 권의 책을 공저한 폴 브랜드 박사가 내 원망을 누그러뜨려 주었다. 그는 나에게 이렇게 말했다.

"나도 전에 비슷한 문제가 있었습니다. 어느 해인가 의대생 시절에 북해에서 범선을 타며 여름을 보낸 적이 있지요. 첫 주에 돛을 올리려고 묵직한 밧줄을 확 잡아당기다가 손가락 끝이 까져서 피가 났는데, 아파서 밤에 잠도 못 잤습니다. 둘째 주가 끝날 때쯤에는 손가락마다 굳은살이 박이더군요. 그해 여름 내내 이 굳은살 덕분에 제 손이 안전할 수 있었습니다. 그런데 두 달 후에 의대에 돌아가 해부를 하다가 어이없게도 손가락이 말을 듣지 않는다는 걸 알았습니다. 굳은살 때문에 손가락이 둔감해져 감각이 통 없는 겁니다. 의사 노릇도 끝났나 싶어 몇 주 동안 걱정했지요. 그런데 앉아서 생활하는 사이, 점차 굳은살이 없어지고 감각이 살아나더군요. 내가 시키는 일이 바뀔 때마다 내 몸은 매번 충성스럽게 길을 찾아 그때그때의 필요에 적응했던 겁니다."

점차 나는 내 몸이 과민성과 둔감함 사이의 적절한 균형을 찾아 늘 애쓰고 있음을 알게 되었다. 브랜드 박사의 손가락처럼 내 발도 굳은살이 생기면 감각을 잃어 고통과 압력을 느끼지 못한다. 조깅에 적응하느라 한동안 일부러 그러는 것이다. 그러나 얼마 지나면, 지혜로운 몸이 내 발을 너무 무감각하게 만드는 위험을 피하기로 결정한다. 발을 학대하지 못하게 나를 설득하려고 몸이 피멍울을 만들어 내고, 나는 고통에 과민해져 행동을 고치지 않을 수 없다.

그 뒤로 나는 내 몸의 수고를 원망이 아니라 고마운 마음으로 보려고 했다. 활동의 종류에 따라서 과민성이 필요할 때도 있고 굳은살이 필요할 때도 있음을 나는 안다. 물집, 굳은살, 피멍울, 깎아 내기 순의 과정이 즐겁다고 말할 수는 없다. 그래도 이제 그 배후 내막을 알고 나니 내 몸의 적응 시도가 고맙게 느껴진다.

브랜드 박사와의 대화는 또한 그리스도의 몸의 사역에 대해서도 유익한 통찰을 주었다. 사역하는 사람들은 그리스도의 몸의 '피부'로서 각종 스트레스에 노출된다. 인간의 영혼을 고치려면 몸을 고칠 때보다 더 민감해야 하기에 사역하는 사람에게는 외과의사의 정교한 기술이 필요할 때도 있다. 반면, 짐이 너무 무겁고, 자원이 달리고, 대책 없는 문제들에 에워싸여 있을 때면 굳은살이 필요할 수도 있다. 사실, 선원이 사나운 폭풍의 한복판에서 중심 돛대의 줄을 잡고 버티듯이, 사역도 때로 그와 아주 비슷하다.

내 왼발과 브랜드 박사의 손가락 끝처럼, 그리스도인의 사역도 과민성과 굳은살 사이를 오간다.

:: 눈물을 먹는 시간들

처음에는 아주 단순한 아이디어였다. 나는 불치병에 걸린 아이들이나 화상 환자들이 있는 병동에서 자원봉사를 시작했다. 그냥 가서 기운을 좀 북돋아 주고 웃음을 퍼뜨리는 정도였다. 그러다 점차 나는 광대로 등장하게 되었다.

우선, 고무로 된 빨간 코를 끼웠다. 다음은 기초 화장을 좀 시작했다. 다음은 노랑, 빨강, 녹색으로 된 광대 옷을 입었다. 마지막으로, 코끝에 늘개 모양의 가죽 장식을 댄 엄청나게 큰 신발을 신었다. 코끝과 발꿈치는 녹색이고 가운데는 흰색인 75센티미터짜리 신발은, 자기 발이 계속 걸어 다니기를 원하는 어떤 은퇴하는 광대에게서 온 것이었다.

처음에는 정말 굉장히 힘들었다. 이 병동에서는 정말 처참한 일들을 보게 된다. 아이들이 죽어가거나 사지가 절단되는 모습에 준비되어 있는 사람이 누가 있으랴. 아무도 우리에게 이 사회의 고통에 부딪치는 법을 가르쳐 주지 않는다. 막상 당하기 전에는 누구도 그런 얘기를 하지 않는다.

우리 일행은 어린이 백혈병 병동에서 영화 "고질라"(Godzilla)

를 보여 주려고 작업 중이었다. 나는 아이들을 광대로 분장시켜 주고 있었다. 한 아이는 약물 치료 때문에 머리카락이 하나도 없었다. 내가 그의 얼굴에 분장을 마치자 다른 아이가 "아예 머리까지 해주는 건 어때요"라고 말했다. 본인도 좋아했다. 분장이 끝나자 그의 누이가 "빌리의 머리에다 영화를 상영해도 되겠는데요"라고 말했다. 빌리는 너무너무 좋아했다. 그래서 우리는 빌리의 머리에다 "고질라"를 상영했다. 빌리는 좋아서 어쩔 줄 몰랐고, 우리는 빌리가 너무도 자랑스러웠다. 감동의 순간이었다. 특히 의사들이 들어왔을 때….

살에 화상을 입었거나 머리카락이 하나도 없는 어린아이들 앞에서 당신이라면 어떻게 하겠는가? 아마 그냥 부딪칠 것이다. 너무나 아프고 두려워하는 아이들 때문에 모두의 마음이 찢어질 그때 말이다. 일단 부딪쳐 다음 일이 어떻게 될지, 이제 어떻게 해야 할지 보는 것이다.

문득 나는 팝콘을 가지고 다녀야겠다는 생각이 들었다. 아이가 울면 나는 팝콘으로 눈물을 톡톡 찍어서 그것을 내 입이나 아이의 입에 쏙 넣는다. 우리는 함께 둘러앉아 눈물을 먹는다.*

사역에서 과민성이란 누군가의 고통을 느낀다는 뜻이다. 아주 간단하다. 타인의 눈물을 먹는다는 뜻이다.

---

* Ram Dass and Paul Gorman, *How Can I Help?*

시카고의 우리 아파트 식탁에 앉아 눈물을 먹던 일들이 내 기억에 생생하다. 아내 재닛은 쿡 카운티 병원 병동에서 동상이 덧나 괴저를 치료받고 있던 조지 이야기를 나에게 하곤 했다. 안정적인 거주지가 없던 그는 노숙을 할 때가 많았는데, 하룻밤은 한뎃잠을 자다가 시카고의 감기에 걸렸다. 며칠 후 어느 노인이 조지가 없어진 것을 알았고, 많은 전화 통화 끝에 재닛이 조지를 찾아냈다.

노숙, 범죄, 부족한 의료 혜택 등 거대한 사회 문제 앞에서 재닛은 무력감을 느꼈다. 낮에는 힘닿는 대로 이것저것 했지만, 밤이면 아내가 할 수 있는 일은 우는 것뿐이었다. 특히 노인 한 분이 돌아가신 날이면 재닛은 이런 말을 할 때가 한두 번이 아니었다. "그만둬야겠어요. 난 이 일에 적임자가 못 돼요. 보세요, 이렇게 앉아 그 어르신 때문에 통곡이나 하고 있잖아요. 이건 프로급지 못해요. 고통을 감당하지 못하겠어요."

그러던 나는 이렇게 대답해 주곤 했다. "재닛, 폴 할아버지의 죽음에 지금 눈물을 흘리고 있는 사람은 온 세상에 당신 하나뿐이오. 울지 않는 사람이 그 노인 분들을 더 잘 섬길 수 있다고 생각하는 거요?"

콜로라도로 이사 온 뒤로 재닛은 정교회 수도회에서 운영하는 말기 환자 병원에서 사목으로 섬겼다. 거기서는 매달 45명 꼴로 사람이 죽어 나갔다. 재닛이 일하는 곳에서 거의 매일

누군가가 죽은 셈이다. 우리는 눈물을 더 먹었다.

눈물을 먹는 게 과연 도움이 될까? 사람이 과민해지는 게, 굳이 타인의 고통에 노출되는 게 도움이 될까? 그렇다, 나는 그렇다고 믿는다. 어떤 사람이 빨간 고무 코를 끼우고 초대형 신발을 신고 어린이 백혈병 병동에 기쁨과 웃음을 가져다줄 때, 거기 남아 눈물 젖은 팝콘을 먹을 때, 나는 그것이 도움이 된다고 믿는다. 또한 자신의 고통을 집에까지 품고 가는 사람이 하나―어쩌면 딱 하나―라도 있음을 아는 게 조지에게 굉장히 중요하다고 나는 믿는다.

제목도 멋진 헨리 나우웬의 얇은 책 「상처 입은 치유자」(*The Wounded Healer*, 두란노 역간)에는, 누구의 사랑도 받지 못하는 외롭고 버림받은 사람들이 나온다. 어느 젊은 사역자가 수술을 앞둔 한 노인에게 줄 수 있는 거라고는 자신의 애정 어린 관심뿐이다. 나우웬은 이렇게 썼다. "기다려 주는 사람이 없다면 아무도 목숨을 부지할 수 없다. 멀고 험한 여행에서 돌아오는 사람은 누구나 역이나 공항에서 자기를 기다리는 사람을 찾는다. 누구나 자신의 이야기를 들려주기 원하고, 집에 남아 자기가 돌아오기를 기다리는 사람에게 고통과 기쁨의 순간들을 나누기 원한다."

때로 우리 사역하는 사람들이 고통당하는 사람들에게 줄 수 있는 유일한 의미는, 그들에게 아무 의미도 없어 보이는 그 고통이 우리에게는 의미가 있다는 확신이다.

:: 눈물도 양분이 된다

하지만 다른 사람들의 고통을 존중하려는 우리의 노력에도 불구하고 전혀 무의미해 보이는 고통을 만날 때가 있다. 그럴 때는 눈물을 먹는 일도 부질없어 보인다. 알츠하이머 병에 걸린 사람이 생각난다. 딸이 그의 수발을 들고 있지만, 겉껍질만 남은 아버지의 서글픈 모습에 날마다 가슴이 무너진다.

아이큐가 30-40밖에 안 되는 중증 장애아도 생각난다. 말도 못하고 알아듣지도 못하는 채 침대에 부동 자세로 누워 있는 이 아이는 비싼 병원비만 축내며 오래오래 살지도 모른다.

그런 노인과 그런 아이의 의미는 어디 있는가? 그들의 눈물을 나는들 무슨 소용이 있는가? 나는 한 동독 출신 의사의 도움으로 그 질문에 답을 얻었다. 전 공산당 정부에게 활동을 제약받던 동독 교회는 가장 '값어치' 없는 사회 구성원들을 오랜 세월 동안 보살펴 왔다.

"이들의 삶이 과연 무슨 소용인가? 이들의 인생에 의미가 있는가?" 중증 정신 장애아들에게 헌신한 소아과의사 위르겐 트로기쉬(Jurgen Trogisch) 박사의 의문이었다.

오랫동안 트로기쉬 박사는 이 질문에 답할 수 없었다. 의사의 본분은 계속 다했지만 답은 없었다. 그러던 차에 그는 센터의 신임 조수들을 훈련시키는 입문 과정을 맡게 되었다. 1년의 훈련 과정을 마치면서 그는 젊은 조수들에게 설문 조사를 실시했다. 그중에 이런 질문이 있었다. "그동안 전적으로 장애인들과 함께 지내면서 당신의 삶에 나타난 변화는 무엇인가?" 다음은 그들의 답 중에서 일부다.

- 난생 처음 내가 아주 중요한 일을 하고 있다는 기분이 든다.
- 전에는 내가 이런 일을 할 수 있을 줄 몰랐는데 이제 할 수 있겠다는 생각이 든다.
- 여기 있는 동안 사비나의 애정을 얻었다. 이번 기회에 장애인과 함께 지내다 보니 더 이상 그녀가 전혀 장애인으로 생각되지 않는다.
- 인간의 고통에 더 공감하게 되었고 돕고 싶은 마음이 생긴다.
- 인생에 정말 중요한 것이 무엇인지 묻는 계기가 되었다.
- 일에 새로운 의미와 목적을 얻었다. 이제 내가 꼭 필요한 존재로 느껴진다.
- 인내를 배웠고 아주 조금만 진척의 기미가 보여도 감사하게 되었다.
- 장애인들을 보면서 나 자신을 발견했다.
- 좀더 너그러워졌다. 나 자신의 작은 문제들이 더 이상 별로 중

요해 보이지 않는다. 나 자신을 모든 부족한 모습 그대로 받아들일 줄 알게 되었고, 무엇보다 삶의 작은 즐거움들에 감사할 줄 알게 되었다. 특히, 미움이나 폭력보다 사랑이 이룰 수 있는 게 더 많다는 것을 가르쳐 주신 하나님께 감사드린다.

그들의 글을 읽으면서 트로기쉬 박사는 자신의 의문의 답을 깨닫고 깜짝 놀랐다. 그 아이들의 고통의 의미는 다른 사람들, 그 조수들의 삶 속에 실현되고 있었다. 어떤 세련된 교육 제도도 가르쳐 주지 못하는 교훈들을 그들은 배우고 있었다. 청소년들과 대학생들이 그런 값진 교훈을 어디서 또 배울 수 있겠는가?

트로기쉬 박사는 교회가 사명을 다할 때 생기는 부산물 중 흔히 간과되는 것 하나를 짚어 냈다. 우리는 사역의 **대상들**에게 집중하는 경향이 있다. 영혼들을 그리스도께 인도하고, 부부 관계를 살려내고, 가난한 사람들에게 숙식을 제공하고, 집 밖으로 나오지 못하는 노인들을 방문하고, 십대 아이들에게 도전을 준다. 하지만 신약 성경을 읽노라면 예수님은 사역하는 자들 본인이 받는 영향에도 똑같이 관심을 두신 것 같다.

72인의 제자들이 돌아와 그들이 거둔 굉장한 결과를 신이 나서 보고하자 예수님은 잠시 함께 기뻐하신 뒤에 이렇게 말씀하셨다. "그러나 귀신들이 너희에게 항복하는 것으로 기뻐하지 말고 너희 이름이 하늘에 기록된 것으로 기뻐하라"(눅 10:20). 분명히 예수님께서는 그들이 밖에서 하고 온 일 못지않게 제자들 속에 벌어지고 있는 일도 중요했다.

눈물을 먹으면, 눈물을 흘리는 본인 못지않게 그 눈물을 자발적으로 떠맡는 사람에게도 도움이 된다. 나는 성격이 내성적이라서 남을 돕는 자원봉사를 하려면 대개 자신을 억지로 떠밀어야 한다. 추수감사절 저녁 식사를 준비하기 위해 보호 시설에 가거나 병원을 방문하려면 바짝 용기를 내야 한다. 그러나 일단 하고 나면 예외 없이 항상 내게도 도움이 된다. 돌아올 때는 거기서 만난 사람들 때문에 마음이 풍요로워지고, 그들의 이야기에 감동하고, 인간의 회복력에 놀라움을 금치 못한다. 조금이나마 힘닿는 대로 다른 사람들을 섬겨야겠다는 새로운 헌신과 새로운 감사를 품고서 내 다분히 고독한 직업으로 돌아온다. 눈물을 나누면 건강에 좋다는 것을 나는 직접 경험하고 있다.

:: **약할 때 강한 우리**

고통과 곤란을 겪기 싫다는 이유로 교회가 사역을 피하면, 역설적이게도 교회 스스로가 고통에 빠진다. 교회의 성장이 막혀 성숙해지지 못한다.

예수님은 마지막 식사 자리에서 우리에게 교회 일의 모델을 보여 주셨다. 제자들이 계속 더 기관을 구상하고 있는 동안("임원도 뽑고, 서열도 정하고, 프로의 기준도 정해야지!") 예수님은 말없이 수건과 대야의 물을 들고 그들의 발을 씻기기 시작하셨다. 그리고 "내가 너희에게 행한 것같이 너희도 행하게 하려 하여 본을 보였노라"(요 13:15)고 말씀하셨다. 이 섬김의 정신을 나는 하나님의 뜻을 행하는 교회의 단연 으뜸가는 특성으로 인식하게 되었다.

건물, 시설, 똑똑한 사업가들로 이루어진 위원회 등은 모두 교회를 원활하게 돌아가게 하는 힘이지만, 근본적인 문제는 그것이 무엇을 위한 것인가 하는 것이다. 내가 찾는 교회는 고통에 대한 과민성을 길러 주는 교회다. 사람들이 노숙자를 외면하고 고개를 흔들며 제 갈 길을 갈 때, 종들은 "아니, 우리는 이 고통을 외면할 수 없다"고 말한다. 노숙자들도 하나님의 형상을 지니고 있다. 우리는 예수님을 섬기듯이 그들을 섬겨야 한다. 예수님이라도 그들을 섬기실 것이다.

예수님의 사역 방식을 돌아보면서 바울은 "너희 안에 이 마음을 품으라. 곧 그리스도 예수의 마음이니, 그는…오히려 자기를 비워 종의 형체를 가지셨다"고 말했다(빌 2:5-7). 강해지는 길은 약함을 통해 나 있다. 그것이 성경에 나오는 사역의 모본이다.

바울도 자기 '육체의 가시'를 없애 달라고 세 번이나 간구했다. 기도 내용은 우리가 상상해 보는 수밖에 없다. "주님, 이 가시만 없애 주시면 얼마나 더 효과가 좋아질지 생각해 보십시오. 이게 제 사역을 방해하고 있습니다. 주님의 일을 가로막고 있습니다. 이 문제를 고쳐 주시고 힘을 되찾게 해주시면 큰일을 할 수 있습니다." 사도의 기도에 하나님은 단호히 아니라고 답하셨다.

하나님은 왜 바울의 고통을 계속 그냥 두셨을까? 자신을 너무 자만하지 않게 하기 위함이라고 사도 자신이 이유를 솔직히 말한다. 하나님은 그에게 "내 능력이 약한 데서 온전하여짐이라"고 하셨고, 바울은 그 말씀에 이렇게 반응할 수 있었다. "그러므로 도리어 크게 기뻐함으로 나의 여러 약한 것들에 대하여 자랑하리니, 이는 그리스도의 능력이 내게 머물게 하려 함이라. 그러므로 내가 그리스도를 위하여 약한 것들과 능욕과 궁핍과 박해와 곤고를 기뻐하노니 이는 내가 약한 그때에 강함이라"(고후 12:9-10).

사람은 죽을 고생을 해야만 자신의 망가진 모습을 직시하게 된다는 가슴 아픈 사연을 나는 12단계 모임에서 많이 들었다. 그들은 그것을 대개 "갈 데까지 갔다"고 표현한다. 알코올 중독자들은 극한 고통의 과정에서 끝장을 보아야만 비로소 자신이 강한 게 아니라 약하며, 따라서 외부에서 오는 힘의 원

천인 '초월적 능력'을 평생 의존해야 함을 인정할 수 있다고 한다. 그리고 이런 교훈을 더 쉽게 배우는 길은 바로 교회의 어느 사역 부서에서 봉사하는 것이다.

내 아내는 날마다 가구도 제대로 갖추어지지 않은 사무실에 가서, 좀처럼 감사할 줄 모르는 사람들 틈에서 지냈다. 보수도 자기가 직접 모금해야 했는데, 그 절차 때문에 아내는 선교사 자녀로서 느꼈던 수치를 다시 맛보았다. 그렇지만 나는 아내가 다른 사람들의 고통에 기꺼이 자신을 노출한 것이 결국 그들 못지않게 아내에게도 큰 양분이 되었다고 진심으로 말할 수 있다. 남편의 입장이지만 최대한 객관적으로 보건대, 지금의 아내는 더 강하고 더 아름다운 사람이다. 사실 세상 기준으로 본다면 아내가 일을 통해 받은 보상은 별로 없다. 보상은 아내의 내면에 이루어졌다.

사역하는 사람들은 그 기회를 통해 긍휼과 겸손, 인내 같은 자질을 배울 수 있다. "포춘"(Fortune) 지 선정 500대 기업 대다수가 아예 의제로 삼지도 않는 내용이지만, 우리는 하나님이 주시는 이런 보상을 감히 가볍게 여기지 않는다. 그것은 하나님께 소중한 것이며, 다른 직업으로 아무리 돈과 명예를 쌓아올려도 이 보상만큼 값지지는 않을 것이다. 예수님이 복음서에서 가장 자주 반복하신 선언은 우리가 목숨을 잃음으로써 얻는다는 것이다. 목숨을 잃는 가장 좋은 방법은 다른 사람을 섬기는 것이다.

고통에 대한 과민성은 자원이자 뜻밖의 선물일 수 있다. 우리 가슴을 무너지게 하는 눈물이 또한 하나님께 가장 중요한 방식으로 우리에게 양분이 될 수 있다.

:: **고통을 덜어 주는 굳은살**

어느 해인가 나는 시카고 마라톤 대회에 나가기로 했다. 이미 매주 30-40킬로미터씩 뛰고 있던 나였지만, 육상 관련 잡지들에는 마라톤에 대비하려면 그 거리를 두 배로 늘려야 한다고 되어 있었다. 평소의 성격대로 나는 곧이곧대로 단번에 거리를 두 배로 늘렸다. 더 고된데도 몸이 당해 내는 걸 보니 힘이 났다. 허파와 심장도 잘 견뎌 주었고, 근육도 욱신거리기는 했지만 곧 적응했다. 하지만 발의 혹만은 아니었다.

새 훈련이 3주가 넘어가자 엄지발가락 주변의 살이 극도로 과민해져 15킬로미터를 뛰기는커녕 한 블록도 걸을 수가 없었다. 가중된 스트레스를 당해 낼 만큼 굳은살이 두꺼워질 때까지 운동량을 줄여야 했다.

사역하는 사람들에게도 비슷한 일이 벌어진다. 남을 잘 섬기는 긍휼이 많은 사람들도 갑자기 전혀 새로운 차원의 스트레스에 부닥칠 수 있다. 친구가 에이즈에 걸리고, 배우자가 이

혼 서류를 접수하고, 교회 소문이 걷잡을 수 없이 비화된다. 평소 가장 큰 강점이던 과민성이 이제 적이 된다. 발의 피부 조직이 망가지자 나는 굳은살이 더 박일 때까지 사실상 다리를 절어야 했다. 사역하는 사람들에게 벌어지는 일도 똑같다. 여태까지 양분이 되던 고통이 갑자기 우리를 위험에 빠뜨린다. 눈물을 너무 많이 먹으면 소금 독이 오른다.

1960년대에 만들어진 "부활"(Resurrection)이라는 영화는 상처 입은 치유자들에게 벌어질 수 있는 일을 생생히 그려 냈다. 엘렌 버스틴(Ellen Burstyn)이 연기한 주인공은 교통사고 후에 이상하게 기적적인 치유 능력이 생긴다. 이렇다 할 신앙이 없는 그녀는 자신의 새로운 능력을 설명할 길이 없다. 금세 주변에 몰려든 환자들 무리에게 그녀는 이렇게 말한다. "어찌 된 일인지 말씀 드리지요. 나는 내 앞에 병들고, 상처받고, 겁먹은 사람을 보면 그게 그대로 느껴집니다. 어떻게 그런지는 묻지 마세요. 꼭 내가 병들고, 상처받고, 겁먹은 사람이 되는 것 같습니다. 그들이 되는 셈이지요…. 이 능력이 어디서 오는지는 나도 모르고, 그냥 온다는 것만 압니다."

버스틴이 캘리포니아 심리학 연구소에 가서 능력을 조사받는 특이한 장면이 영화에 나온다. 심리학자들과 과학자들로 가득한 강당에 연구진이 병상을 들여온다. 병상 위에는 경련성 근육 장애가 있는 젊은 여자가 누워 있다. 경련을 일으키는 여자에게 다가간 버스틴은 잠시 망설이다가 여자 옆으로 올라간다.

몇 분 만에 치유자 버스틴의 몸이 부들부들 떨리기 시작한다. 얼굴이 일그러지고, 다리가 안으로 뒤틀리고, 손이 오그라져 굳어진다. 환자의 고통이 말 그대로 버스틴의 몸으로 옮겨 감과 동시에 환자는 고통에서 벗어난다. 사지가 유연해진 환자는 걸어서 나가고, 연구진은 병상을 병실로 옮겨 엘렌 버스틴을 진찰한다.

영화에서 엘렌 버스틴의 치유자 생활은 짧게 끝난다. 그동안 전가된 고통이 그녀에게 너무나 큰 타격을 입히기 때문이다. 그녀는 네바다 주 사막의 어느 작은 마을로 이사하여, 드문드문 지나가는 길손들의 차에 기름을 넣어 주며 살아간다. 아무도 그녀의 기적적인 능력을 알지 못한다.

상처 입은 치유자가 치명상을 입고 쓰러지지 않으려면 어떻게 해야 할까? 나를 축내지 않으면서 남의 아픔에 헌신하는 게 현실적으로 가능할까? 굳은살의 비유로 질문을 바꾸어, 남을 돕는 사람에게 더 두꺼운 굳은살이 필요한 때가 언제인지 어떻게 알 수 있을까?

솔직히 나는 이런 문제에 전문가가 아니다. 원래 나는 성질이 급하고 성취욕이 강한 편이라 나 자신의 탈진 증상도 잘 판단하지 못하며, 아내와 몇몇 믿을 만한 친구들의 조언에 의

지해야 한다. 그러나 아내가 사역 전선에 있다 보니 나도 탈진의 조기 증상을 알아채는 데 도움이 될 만한 원리를 몇 가지 배웠다. 지금부터 소개하는 내용은 위험 신호의 점검표 같은 것이다.

1. 나는 사람 자신보다 사람의 고통에 더 관심을 쏟는가?

누군가 간호사를 '플로렌스 나이팅게일로 가장하여 문제를 퍼뜨리는 사람'이라고 표현하는 걸 들은 적이 있다. 쉬지 않고 '남을 도와야 한다'는 콤플렉스가 있다는 뜻이다. 이런 사람은 **자기가** 고통이 불편하니까 다른 사람들의 고통을 덜어 주는 데 집착한다. 그 결과, 치료 못지않게 고통을 퍼뜨린다.

내가 식별할 수 있게 된 탈진의 조기 경고 증상이 하나 있다. 무모한 책임감에 사로잡히는 것이다. 마치 교회, 공동체, 국가, 심지어 온 우주의 운명이 헌신된 일꾼 하나의 어깨에 달려 있다는 듯이 말이다.

유진 피터슨은 4세기에 살며 신학적으로 맞수였던 아우구스티누스와 펠라기우스를 비교한 적이 있다. 펠라기우스는 도시 출신이 점잖고 언변도 좋아 누구에게나 호감을 샀다. 반면 젊은 시절을 방탕하게 보낸 아우구스티누스는 어머니와의 관계도 유별났고 적도 많았다. 그러나 펠라기우스의 인간적 노력은 잘못된 결말을 맺었고, 아우구스티누스가 붙들었던 하나님의 은혜는 좋은 결실을 맺었다. 아우구스티누스는 순수한 열정으로 하나님을 좇았으나 펠라기우스는 자기 방법으로 하나님의 마음을 사려 했다. 아우구스티누스는 하나님이 절실히 필요했고 본인도 그것을 알았다. 피터슨은 그리스도인들이 이론상으로는 아우구스티누스 쪽이지만 실제 생활은 펠라기우스 쪽이라 지적한다. 위원회 회의, 죄책감에서 비롯된 야근, 다른 사람들의 문제를 '해결'해 주려는 강박적 시도 등 자신의 미친 듯한 노력에 의지하는 것이다.

어려운 사람들을 섬기려면 오히려 초연할 필요가 있다. 이런 초연함은 돕는 사람을 도움이 필요한 사람의 고통에서 보호해 주는 적당한 굳은살이다. 저자 프레드릭 뷰크너(Frederick Buechner)는 자신이 그 교훈을 어떻게 배웠는지 「비밀 이야기」(*Telling Secrets*)에서 이렇게 설명한다.

> 네 이웃을 너 자신과 같이 사랑하라는 것은 지상 계명의 일부다. 바꾸어 말하면, 너 자신을 네 이웃과 같이 사랑하라는 것이다. 자신을 사랑하되 이기적인 자기 본위의 의미에서가 아니라 친구를 사랑하듯 하는 것이다. 자신을 잘 돌보고, 양분을 대 주고, 자신을 이해하고 위로하고 격려하고자 힘쓰는 것이다. 전반적으로 돕는 직업을 가진 사람들과 특히 사역자들은 자신에게 소홀하기로 유명하다. 그러다 보니 자신이 돌보려는 사람들만큼이나 힘이 빠

지고 무력해져 더 이상 누구에게도 썩 유용하지 못한 존재가 되기 쉽다. 딸이 급류에 휘말려 사투를 벌이고 있다면 같이 급류에 뛰어들어서는 딸을 구할 수 없다. 그래 봐야 둘 다 익사할 뿐이다. 대신, 마른 강둑에 발을 딛고서—내 심중의 평안, 내 최선이자 최강의 상태를 유지한 채로—그 굳은 땅에서 손을 내밀어야 한다. "네 일이나 잘 하라"는 말은 인생이란 결국 각자의 몫이니 남의 인생에 주제넘게 나서지 말라는 뜻이지만, 또한 나 자신을 위해서나 궁극적으로 내가 사랑하는 사람들을 위해서 자신의 삶과 심신의 건강을 챙기라는 뜻도 된다. 다른 사람들을 돌볼 수 있도록 우선 자신을 돌보라. 심장이 피를 흘리다 출혈로 죽는다면 누구에게도 도움이 못 된다.

지금까지 자신의 딸에 대해 자전적인 글을 쓰고 있던 뷰크너는 이어 이런 문장을 덧붙인다. "이런 말을 쓰기는 얼마나 쉬웠으며 실제로 그렇게 살기는 얼마나 불가능했던가."

거식증으로 목숨이 위태롭던 딸이 집에서 5천 킬로미터쯤 떨어진 곳에서 치료에 응했다는 사실이 뷰크너의 유일한 구원이었다. 딸 곁에서 일을 주선하여 딸을 '지켜 준' 사람은 그가 아니었다. 아버지 뷰크너에게는 있지도 않았고 있을 수도 없었던 굳은살이 딸의 곁에 있던 사람들—의사, 간호사, 사회사업가, 심지어 딸의 의지를 꺾고 입원시킨 판사—에게는 있었다. "그 사람들은 나처럼 초췌해지거나 벌벌 떨거나 사랑으로 앓지 않았다. 본인들이야 그렇게 표현하지 않겠지만 그들은 현실적이고 강인하고 꼼꼼했으며, 그런 모습으로 내 딸을 사랑했다. 내가 해 왔던 사랑보다 그 사랑이 예수님이 뜻하신 사랑에 더 가깝다고 믿는다."

다른 사람들을 위한 건강하지 못한 자기 희생, 사람 자신보다 사람의 고통을 더 떠맡는 증상을 때로 '구세주 콤플렉스'라고 한다. 하지만 정작 구세주 예수님께는 그런 콤플렉스가 전혀 없었던 것 같다. 그분은 배를 타고 무리를 벗어나셨고, 자기 생활과 혼자만의 시간을 고집하셨고, 팔아서 인류의 고통을 덜어 줄 수도 있는 값비싼 향유를 선물로 '허비한' 것도 받아 주셨다.

예수님은 만나는 모든 사람을 다 고쳐 주지는 않으셨다. 그분은 인간의 고통을 각자의 선택에 맡기시는 놀랍고도 진귀한 능력이 있었다. 그분은 유다의 흉중을 들추어내셨지만 그의 악한 행위를 막으려 하지는 않으셨다. 바리새인들을 비난하셨지만 그들에게 자신의 견해를 강요하려 하지는 않으셨다. 그분은 부자 청년의 질문에 타협 없는 말씀으로 답하셨지만, 그가 떠나도록 그냥 두셨다. 예수님의 조언을 거부한 부자 청년에 대해 마가는 "예수께서 그를 보시고 사랑하사"(막 10:21)라는 말을 예리하게 덧붙인다.

요컨대 예수님은 인간의 자유를 놀랍도록 존중하셨다. 그분은 자기 당대에 온 세상을 회심시키시거나, 고침 받을 준비가 되어 있지 않은 사람들을 고쳐 주시려는 강박관념이 없으셨다. 우리에게 필요한 '구세주 콤플렉스'는 바로 이런 것이다.

헨리 나우웬은 페루에서 선교사들과 함께 살면서 사역자들의 가장 위험한 두 가지 동기가 죄책감과 구원하려는 욕심이라고 결론지었다. "죄책감의 문제점은 아무리 일을 해도 죄책감이 없어지지 않는다는 것이다.…죄책감의 뿌리는 섬김의 행위를 통해 가늠할 수 없을 만큼 깊다. 한편, 죄와 빈곤과 착취에서 사람들을 구원하려는 욕심도 똑같이 해로울 수 있다. 노력하면 할수록 자신의 한계에 더 부딪치기 때문이다. 남녀 선교사들이 열심히 일하는데도 사역 기간 동안 오히려 상황이 악화되는 예는 많이 있다. 자기 일의 성공에만 의존한다면 그들은 금방 자존감을 잃고 말 것이다."

나우웬은 이렇게 말을 맺는다. "우리의 죄책이 이미 없어졌다는 사실과 하나님만이 구원하신다는 사실을 깨달을 수 있다면, 그제야 우리는 자유로이 섬길 수 있다. 그제야 참으로 겸손한 삶을 살 수 있다." 하나님은 겸손과 감사의 마음이 있는 사람들을 통해 가장 효과적으로 일하신다.

고통에 대한 과민성은 물론 좋은 선물이다. 그러나 다른 많은 선물과 마찬가지로, 과민성이 군림하고 지배하도록 두면 그것이 우리를 망칠 수 있다. 돕는 사람들이 도움을 받는 사람들보다 더 괴롭고 곤핍해 보이면 나는 걱정된다. 존 던의 말대로, "다른 사람들의 십자가는 내 십자가가 아니다."

2. 주변에 내 일을 가치 있게 여기는 공동체가 있는가?

전에 나는 애리조나 주 투산 근처에 있는 위클리프 성경번역 선교회(Wycliffe Bible Translators) 지원 시설에서 잠시 지낸 적이 있다. 습관대로 조깅을 했는데 뜨거운 햇볕을 피하려고 평소보다 이른 아침에 나갔다. 방울뱀과 전갈을 조심하느라 길을 불안스레 살폈다. 하루는 위클리프에서 3킬로미터쯤 벗어났는데 눈앞에 전국적으로 유명한 어느 온천장의 화려한 건물이 나타났다. 식이 장애가 있는 사람들과 비만인 사람들을 위한 전용 치료 시설이었다. 처음에는 무슨 5성급 호텔이라도 되는 줄 알았다. 영화 스타들과 운동 선수들이 단골로 드나드는 그 시설에는 수영장, 조깅 코스, 농구장, 테니스장, 승마 코스, 그늘진 피크닉 장소가 갖추어져 있었다. 회반죽으로 치장한 현대식 건물이 햇빛을 받아 번쩍거렸다.

문득 온천장 시설과 위클리프 기지를 비교하지 않을 수 없었다. 위클리프 사무실 건물은 별다른 건축적 장식 없이 기능만 살려 콘크리트 벽돌로 지은 것이었다. 많은 직원들이 언덕배기에 흩어진 이동 주택에 살고 있었다. 두 시설의 대조적인 면이 나에게는 사역의 한 불가피한 사실에 대한 생생한 예화로 다가왔다. 바로 세상은 영적인 것보다 물질적인 것을 더 가치 있게 여긴다는 사실이다. 사람들은 지방 세포를 없애려고 고액의 돈을 써 가며 최고급 치료를 고집한다. 반면 훨씬 더 어려운 주님의 일, 즉 교만과 탐심과 정욕과 폭력과 시기와 불의 같은 문제를 뿌리 뽑는 일로 부름받은 사람들은 힘겹게 버텨 내야 한다.

며칠 지내면서 알게 되었지만, 위클리프 사람들은 그런 것과 상관없이 아주 의욕 넘치는 사람들이었다. 내 생각에, 그 이유는 그들 서로 간에 상호 지원의 공동체가 이루어졌기 때문이다. 세상은 영혼의 치료보다 육체의 치료를 더 가치 있게 여길지 모르지만 이들 선교사들은 달랐다. 그들은 함께 기도했고, 함께 예배했고, 고귀한 소명을 공유하며 서로를 존중했다.

내가 알기로 이런 공동체가 없는 지역교회 목사들이 많이 있다. 나에게 이렇게 말한 목사도 있다. "아무도 나를 가치 있게 여겨 주지 않는 느낌입니다. 교회 예산 위원회는 늘 비용을 삭감할 길만 찾는데, 내 '특별 수당'이 가장 만만한 모양입니다. 내 일을 존중해 주느냐고요? 내 일을 비판하는 게 이 회중의 특기랍니다."

사역하는 사람들은 공동체 역할을 하는 지원 그룹의 도움으로 그런 감정을 이겨 낼 수 있다. 「캐치-22」(*Catch-22*, 실천문학사 역간)와 「야전병원 매쉬」(*MASH*)라는 두 소설을 비교해 보면 공동체가 가져다주는 변화를 볼 수 있다. 조셉 헬러(Joshep Heller)의 전쟁 소설인 앞 책은, 편집성 정신분열증에 걸린 항공병이 세상이 자기를 대적한다고 결론짓고 허무한 절망으로 치닫는 내용이다. 반면, 두 번째 책에 나오는 인물들은 많은 동일한 문제에 부딪치지만, 그 와중에도 한국의 야산에 엉뚱하면서도 서로 지지하는 공동체를 형성한다. 헬리콥터가 부상병을 가득 싣고 착륙하면 의사들과 간호사들은 얼굴을 찌푸리며 농담을 던진 뒤 도구를 챙겨 들고 환자들에게 달려간다.

「캐치-22」의 상황을 '매쉬'로 바꾸어 놓을 수 있는 공동체를 가꾸는 것, 그것이 힘든 사역의 생존 비결이다. 이그나티우스 로욜라는 예수회 내의 긴밀한 관계를 언급하면서, "나는 밤중에 내 형제들을 괴롭히는 벼룩이 몇 마리나 되는지 꼭 알고 싶다"고 말했다.

간혹 교인이 먼저 나서서 사역자들의 복지를 챙기는 경우가 있다. 예를 들어, 라살 스트리트 교회의 어느 부유한 부부는 사역하는 사람들을 '존중해야' 할 필요성을 느꼈다. 어느 해인가 그들은 크리스마스를 즐겁게 지내라며 사역자들에게 1천 달러를 기부하고 사용 방법은 그들의 결정에 맡겼다. 사역자들은 그 돈으로 시카고의 한 고급 식당에서 저녁식사를 하고 '세컨드 시티' 코미디 극장에 가기로 했다. 나도 사역자의 배우자 자격으로 따라갔는데, 그런 문화 생활을 즐길 기회나 자원이 거의 없는 사람들에게 그 시간이 얼마나 큰 의미가 있는지 그들의 얼굴에서 읽을 수 있었다. 시내 곳곳에서 큰 회사들이 직원들에게 명절 회식을 베풀고 있었지만, 잊지 못할 방식으로 자기네 충실한 지도자들을 존중하는 교회나 사역 단체는 그동안 얼마나 되었던가?

내 아내는 시카고의 극빈자들 속에서 사역했는데, 거기서 날마다 겪는 고생과 불의는 거의 감당 못할 정도였다. 나는 재닛에게 주말 여행이나 저녁 외식이나 시카고 교향악단 콘서트가 필요한 때를 알아차리는 것이 내가 할 일임을 곧 알게 되었다. 아내는 그런 호강을 죄스러워 했지만—아내가 돕던 노인들 중에 그런 걸 누릴 수 있는 사람은 아무도 없었다—그렇게 늘 고통에 파묻혀 살다가는 힘이 바닥나 아무도 돕지 못하게 될 게 뻔했다. 지원 공동체의 일원으로서 나는 아내가 내적 양분을 공급받도록 도와야 했고, 그 양분의 힘으로 아내는 계속 일선에서 일할 수 있었다.

3. 나는 하나님과 삶을 혼동하고 있는가?

이 말은 「하나님, 당신께 실망했습니다」(*Disappointment*

with God, IVP 역간)를 쓰려고 자료를 수집하는 과정에서 더글러스라는 사람을 인터뷰하다가 그에게 들은 말이다. 내가 아는 모든 사람 중에 더글러스야말로 가장 욥 같은 삶을 살았던 사람이다. 하필 그가 도심 사역에 착수하려고 막 희생적인 결단을 내린 그때 그의 세계가 무너져 내렸다. 사역을 위한 기금 마련은 수포로 돌아갔고, 그의 아내는 암에 걸렸고, 어느 음주 운전자가 그의 차를 들이받아 그와 열두 살 난 딸에게 중상을 입혔다. 얼마 안 되어 그의 아내는 세상을 떠났다. 그에게서 하나님께 느낀 실망을 듣고자 했던 내 바람과는 달리, 더글러스는 자신에게 그런 감정이 없었다는 말로 나를 놀라게 했다.

더글러스는 나에게 말했다. "하나님과 삶을 혼동해서는 안 된다는 걸 나는 오래 전에, 특히 이런 역경들을 통해 배웠습니다. 난 금욕주의자가 아닙니다. 나도 이런 일로 누구 못지않게 속이 상하지요. 얼마든지 삶의 부당성을 욕하며 슬픔과 분노를 왕창 쏟아낼 수 있습니다. 하지만 그 사고에 대한 하나님의 심정도 나와 똑같이 슬픔과 분노라고 믿습니다. 난 그 일로 하나님을 원망하지 않습니다."

그의 말은 이렇게 이어졌다. "이 세상의 물리적 현실을 넘어 영의 세계를 보는 법을 배웠습니다. 우리는 '하나님이 공평하신 분이니까 삶도 공평해야 한다'고 생각하는 경향이 있지요. 하지만 하나님은 삶이 아닙니다. 삶의 상황과 **상관없이** 하나님과의 관계를 발전시켜 나간다면, 물리적 현실이 무너질 때도 견딜 수 있을 겁니다. 우리는 삶의 모든 부당성에도 불구하고 하나님을 신뢰하는 법을 배울 수 있습니다."

아브라함, 요셉, 다윗, 엘리야, 예레미야, 다니엘 등 성경의 많은 영웅들도 꼭 욥이나 더글러스처럼 많은 시련을 통과했다. 물리적 현실만 보면 하나님이 적처럼 보일 때가 그들 모두에게 분명히 있었다. 그러나 그들은 고생 중에도 용케 끝까지 하나님을 신뢰했다. 그 과정에서 그들의 믿음은 하나님이 나한테 잘해 주시면 나도 그분을 따르겠다는 '조건적 믿음'에서 모든 역경을 초월하는 관계로 옮겨 갔다.

사역하는 사람들이, 어쩌면 대다수 사람들보다 더 무언의 '조건적 믿음'으로 살아가는 모습을 나는 보곤 한다. '나는 시간과 에너지를 들여 하나님을 위해 일하는 사람이 아닌가? 그러니 특별 대우를 받아야 마땅하지 않은가?'

내 아내는 무료 급식소에 쓸 고기를 가지러 가거나 병원에 틀어박혀 지내는 사람에게 문병을 갔다가 주차 위반 딱지를 받으면 짜증이 나곤 했다. 주차 미터기의 시간이 만료된 이유는 다름이 아니라 하나님의 일에 시간을 더 들일 필요를 느꼈기 때문이었다. 그런데 그 보상으로 아내는 25달러의 벌금을 들고 한나절 동안 시 법정에 다녀와야 했다!

시카고 도심에서 사역하는 진정한 '성자' 버드는 자원봉사자들에게 노숙자들의 집을 짓는 법을 시연해 보이다가 전기톱에 손이 잘릴 뻔했다. 이런 반전을 도대체 어떤 신학으로 설명할 것인가?

다시 나는 "하나님과 삶을 혼동하지 말라"는 더글러스의 말로 돌아간다. 의심이 일어나면 나는 바울의 위대한 편지인 로마서 8장으로 가곤 한다. "우리가 알거니와 하나님을 사랑하는…자들에게는 모든 것이 합력하여 선을 이루느니라"라고 한 28절은 많이들 알고 있다. 그러나 내 눈은 몇 구절 너머로 앞질러 간다. 바울은 "누가 우리를 그리스도의 사랑에서 끊으리요. 환난이나 곤고나 박해나 기근이나 적신이나 위험이나 칼이랴"(35절)라고 반문한다. 사도 바울은 자기 사역의 자서전을 그 한 문장 안에 압축해 놓았다. 복음을 위하여 그 모든 시련을 당했으면서도 그는 하나님이 그 '모든 것'(분명히 그 자체로는 좋은 일이 아니다)을 사용하여 선을 이루신다는 믿음이 있었다.

사도 바울은 삶의 고통 너머로 어느 날 승리하실 사랑의 하나님을 볼 줄 알았다. 그래서 로마서 8장은 이렇게 승리로 끝난다. "내가 확신하노니, 사망이나 생명이나 천사들이나 권세자들이나 현재 일이나 장래 일이나 능력이나 높음이나 깊음이나 다른 어떤 피조물이라도, 우리를 우리 주 그리스도 예수

안에 있는 하나님의 사랑에서 끊을 수 없으리라." 사역이 좀처럼 뜻대로 풀리지 않아 낙심이 될 때면, 이런 확신이 낙심을 떨쳐 내는 게 큰 도움이 될 수 있다.

4. 나는 누구를 위하여 일하고 있는가?

무심코 교회나 목사나 선교 위원회라고 답한다면 당신은 위험하다. 사역은 '부르심'이며, 따라서 부르신 분을 위하여 일하는 사역자만이 제대로 된 사역자다. 이 점에서는 자원봉사자나 전임 사역자나 다를 바가 없다.

앞서 말했듯이, 구세주 예수님께서는 요즘 우리가 이름을 잘못 붙인 '구세주 콤플렉스'라는 게 전혀 없었다. 헬무트 틸리케(Helmut Thielicke)는 「기다리시는 아버지」(*The Waiting Father*)라는 책에서 예수님의 사역을 이렇게 묘사한다.

> 그분을 정신없고 초조하고 걱정적인 활동으로 몰아가려는 압박감이 얼마나 심했겠는가! 누구도 보지 못하는 죽어가는 사람의 고통, 갇힌 자의 괴로움, 상한 양심의 고뇌, 불의, 공포, 두려움, 야만성을 그분은 바로 눈앞의 일인 양 훤히 보신다. 그 모두를 구세주의 심장으로 보고 듣고 느끼신다.…그러니 깨어 있는 시간을 몽땅 다 들이고도 밤잠마저 빼앗겨야 옳지 않겠는가? 당장이라도 일에 뛰어들어 사람들의 마음을 돌이키고 세계 복음화 전략을

세우셔야 하지 않겠는가? 아무도 일할 수 없는 밤이 오기 전에 끊임없이 쉬지 않고 일하고 또 일하고 미친 듯이 일하셔야 하지 않겠는가? 인간적인 관점에서 보자면, 우리 생각에 하나님의 아들은 이 땅의 삶을 그렇게 사실 것 같다.

하지만 예수님의 실제 삶은 얼마나 딴판이었던가! 온 세상의 무거운 짐이 그분의 어깨를 짓누르고, 고린도와 에베소와 아테네와 온 대륙들이 그 모든 절박한 필요로 그분의 심장을 바짝 조여 오고, 침실과 길모퉁이와 저택과 빈민가에 하나님의 아들에게만 보이는 고통과 죄악이 계속되고 있음에도 불구하고, 그리하여 그 한없이 비참하고 참혹한 현실이 한 의사를 찾아 울부짖는데도 불구하도, 그분은 멈추어 한 사람 한 사람에게 말을 거셨다.…

나사렛과 베들레헴이라는 외진 시골 한구석에서 순종하심으로써 그분은 하나님이 주인이신 거대한 전체 모자이크에 자신을 맞추신다. 한 사람 한 사람에게 내주실 시간이 있는 것도 그래서다. 모든 시간은 아버지의 손안에 있기 때문에. 예수님에게서 흘러나오는 게 불안이 아니라 평안인 것도 그래서다. 하나님의 신실하심이 이미 무지개처럼 세상을 덮고 있기 때문에. 예수님은 무지개를 새로 만드실 필요가 없고 그 밑으로 다니시기만 하면 된다.

나는 빈곤과 죽음과 구제 불능의 문제들로 넘쳐나는 인도 캘커타에 가 본 적이 있다. 거기서 마더 테레사 수녀회가 섬기는 대상은 아마 지구상에서 가장 가난하고 비참한 이들일 것이다. 그들은 캘커타의 길거리에서 반죽음이 된 사람들을 거두고 있다. 세상은 이 자매들의 헌신과 사역의 결실에 경탄을 토해내지만, 그들에게는 그 이상으로 나를 감동시키는 무엇이 있다. 바로 평온함이다. 그런 힘들고 거대한 일을 내가 맡는다면, 나는 허둥지둥 뛰어다니고, 헌금자들에게 팩스로 보드 자료를 보내고, 자원을 더 요청하고, 신경 안정제를 먹고, 깊어가는 절망감에 대처할 길을 모색할 것 같다. 하지만 그 수녀들은 달랐다.

그들의 평온함은 하루 일이 시작되기 전으로 거슬러 올라간다. 수녀들은 동트기 한참 전인 새벽 4시에 일어난다. 그리고 깨끗한 흰색 수도복 차림으로 예배당에 줄지어 들어가 함께 기도하고 찬송을 부른다. 첫 '손님'을 만나기 전에 먼저 예배와 하나님의 사랑에 잠기는 것이다.

공동체의 집에 방문객들이 찾아오면 '자비의 선교사들'은 그들에게 우선 예배당에서 기도부터 하게 한다. 테레사 수녀는 직접 각 방문객에게 이런 초대의 말로 인사를 건네곤 했다. "우선 이 집의 주인께 인사를 드립시다. 예수님이 여기 계십니다."

'캘커타의 죽어가는 이들과 빈민들의 집'을 운영하는 자매들은 생전 허둥대는 기색이 없다. 관심과 긍휼은 있지만, 못다

한 일에 대한 강박은 전혀 없다. 이 자매들은 사회 복지 기관의 업무 일지를 채우려고 일하는 게 아니라 하나님을 위하여 일하고 있다. 하루를 그분과 함께 시작해서 그분과 함께 마치며, 중간의 모든 일은 하나님께 드리는 예물이다. 오직 하나님만이 그들의 가치를 정하시고 그들의 성공을 평가하신다.

라살 스트리트 교회의 빌 레슬리 목사는 옛 수동식 펌프를 예화로 들었다. 자기가 때로 그런 펌프처럼 느껴진다는 것이었다. 찾아오는 사람마다 몇 번씩 힘껏 펌프질을 해 대면, 매번 그는 힘이 쭉 빠지는 기분이었다. 결국 그는 더 이상 아무 것도 줄 게 없는 '탈진' 상태로 치닫고 있었다. 메마르고 무기력한 기분이었다.

그러던 중에 빌은 일주일간의 피정에 가서, 자신의 영성 스승으로 지정된 아주 지혜로운 수녀에게 고민을 털어놓았다. 그는 그녀가 자기더러 아주 훌륭하고 희생적인 사람이라며 위로의 말을 해줄 줄 알았다. 대신 그녀는 "빌, 저수지가 마르면 할 일은 하나뿐이지요. 더 깊이 들어가는 겁니다"라고 말해 주었다. 외면의 여정이 지속되려면 내면의 여정에 우선순위를 두어야 함을 그는 그 피정에서 깨달았다.

예수님의 지상 사역 기록을 보면, 그분이 '탈진' 비슷한 상태에라도 가까워지신 적은 딱 한 번밖에 보이지 않는다. 겟세마네 동산에서 예수님은 땅에 엎드려 기도하셨다. 그분에게서 떨어지는 땀이 핏방울 같았다. 그분의 기도는 평소와 달리 탄원의 어조를 띠었다. 히브리서는 그분이 "자기를 죽음에서 능히 구원하실 이에게 심한 통곡과 눈물로 간구와 소원을 올리셨다"(5:7)고 했지만, 예수님은 자신이 죽음에서 구원받지 못하실 것을 아셨다. 그런 인식이 깊어지자 예수님은 괴로워하셨다. 그렇다고 그분을 지원해 줄 공동체도 없었다. 다 잠들어 있었던 것이다. "너희가 나와 함께 한 시간도 이렇게 깨어 있을 수 없더냐"(마 26:40).

그런데 그 겟세마네 장면과 이후의 모든 일 사이에 극적인 변화가 일어난다. 복음서의 겟세마네 기사에 나오는 그분은 괴로움과 고뇌의 사람이다. 그러나 겟세마네 이후로 그분의 행동을 보면 빌라도나 헤롯도다도 지극히 당당하시다. 재판 기사를 읽어 보라. 예수님은 피해자가 아니다. 그분은 평온하시며 자기 운명의 주인이시다.

동산에서 무슨 일이 있었기에 이런 변화가 생겼을까? 증인될 만할 사람들이 곯아떨어져 있었으니 예수님의 자세한 기도 내용은 남아 있지 않다. 그분은 아마도 자신의 지상 사역 전체를 돌아보셨을지도 모른다. 못다 한 모든 일의 무게가 그분을 짓눌렀을 수도 있다. 제자들은 불안정하고 무책임했고, 복음은 위태로웠고, 세상은 아직도 많은 고통과 악의 소굴이었다. 예수님 자신도 인간적 인내력의 한계에 이르신 듯 보였다. 고통과 죽음이 달갑지 않기는 당신이나 나 못지않게 그분도 마찬가지였다.

그런데 결국 겟세마네에서 예수님은 아버지께 짐을 넘겨드리심으로 그 위기를 헤쳐 나가셨다. 애초에 그분이 오신 것 자체가 하나님의 뜻을 행하시기 위해서였다. 그래서 그분의 기도는 "나의 원대로 마시옵고 아버지의 원대로 하옵소서"(26:39)라는 말씀으로 귀착되었다. 그로부터 불과 몇 시간 후에 그분은 "다 이루었다"(요 19:30)고 심오한 진리를 외치실 수 있었다.

나도 하나님께 그런 초연함, 그런 신뢰를 달라고 기도한다. 나의 일과 삶을 하나님께 드리는 매일의 예물로 볼 수 있게 해 달라고 기도한다. 지금까지 내가 배운 하나님은 자비와 긍휼과 은혜의 하나님이시며, 틀림없이 믿을 만한 상전이시다. 다른 사람들을 사랑하는 것과 나 자신을 사랑하는 것 사이의 아슬아슬한 길―과민성과 굳은살이 맞닿은 길―에서 균형을 이루도록 도우실 수 있는 분은 오직 하나님뿐이다.

:: 계속 시도하는 사람들

C. S. 루이스는 이렇게 썼다. "피조물에게 위임 가능한 일치고 하나님 스스로 하시는 일은 하나도 없는 것 같다. 그분은 자신

이 눈 깜짝할 사이에 완벽하게 해내실 수 있는 일을 굼뜨고 서툰 우리에게 하라고 명하신다." 이 원리의 예증으로 예수 그리스도의 교회보다 더 확실한 것은 없다. 그분은 세상에 하나님의 임재를 구현하는 과업을 교회에 위임하셨다. 우리의 모든 노력은 하나님의 위임의 산 증거다.

부모라면 누구나 위임의 모험과 그에 따른 기쁨과 상심을 조금은 안다. 걸음마를 처음 배우는 아이는 잡았던 손을 놓고 넘어졌다가 어렵게 일어나 다시 시도한다. 이것 말고는 달리 걸음마를 배우는 방법이 없다.

그렇다. 교회가 사명에 실패하고 중대한 과오를 범하는 것은 바로 교회가 하나님의 영광에 늘 미달일 수밖에 없는 인간들로 구성되어 있기 때문이다. 그것이 하나님이 감행하신 모험이다. 완전한 모습을 기대하며 교회에 들어서는 사람은 그 모험의 본질이나 인간의 본성을 모르는 것이다. 결혼이 끝이 아니라 사랑을 실천하는 씨름의 시작임을 모든 신혼 부부가 결국 배우듯이, 교회 또한 시작일 뿐임을 모든 그리스도인이 배워야 한다.

한번은 작곡가 이고르 스트라빈스키(Igor Stravinsky)가 어려운 바이올린 악절이 있는 곡을 새로 썼다. 몇 주 동안 연습하던 바이올린 독주자가 스트라빈스키에게 와서 연주를 못하겠다고 했다. 최선을 다했지만 그 악절이 너무 어려워 연주가 불가능하다고 했다. 그러자 스트라빈스키는 이렇게 대답했다. "이해합니다. 내가 원하는 건 **시도하는** 사람의 연주 소리입니다." 어쩌면 하나님이 교회에 대해 품고 계신 뜻도 그와 비슷할지 모른다.

얼 파머(Earl Palmer) 목사에게서 비슷한 예화를 듣던 기억이 난다. 그는 교회가 신약 성경의 높은 기준에 부합하지 못하고 위선적이고 흠이 많다고 비판하는 사람들 앞에서 교회를 변호하고 있었다. 파머는 누가 보기에도 문화적으로 미숙한 한 공동체를 예로 들었다.

"밀피타스(Milpitas) 고등학교 관현악단이 베토벤 교향곡 9번을 시도하면 결과는 형편없습니다. 청각 잃은 베토벤이 그 연주 소리에 무덤 속에서 돌아눕는다 해도 난 놀라지 않을 겁니다. 그럼 '굳이 왜 시키느냐?'는 질문이 나오겠지요. 베토벤이 품었던 불멸의 뜻을 연주해 내는 그 막중한 짐을 왜 그 불쌍한 아이들에게 지우는 겁니까?

나의 대답은 이겁니다. 그 객석에는 베토벤의 위대한 교향곡 9번을 밀피타스 고등학교 관현악단이 아니고는 접할 수 없는 사람들이 있습니다. 완전함과는 거리가 멀지만, 그럼에도 불구하고 그들이 베토벤의 메시지를 들을 길은 그것밖에 없습니다."

교회에서 예배를 드리다 난감해질 때마다 나는 얼 파머의 예화를 떠올린다. 비록 작곡자가 품었던 뜻은 끝내 우리가 이루어낼 수 없을지라도, 이 땅에 그 소리가 들리려면 그 길밖에 없다.

옮긴이 윤종석은 서강대 영어영문학과를 졸업하였으며, 미국 골든게이트 침례신학교에서 교육학(M.A.)을, 트리니티 복음주의신학교에서 상담학(M.A.)을 공부했다. 「하나님의 음성」, 「하나님의 임재」, 「하나님이 축복하시는 삶」, 「모자람의 위안」, 「놀라운 하나님의 은혜」, 「천년 동안 백만 마일」(이상 IVP), 「예수님처럼」, 「재즈처럼 하나님은」, 「하나님의 모략」(이상 복있는사람), 「하나님의 임재 연습」, 「결혼 건축가」(이상 두란노) 등 다수의 책을 번역하였다.

교회, 나의 고민 나의 사랑

초판 발행 2010년 11월 24일 | 초판 9쇄 2018년 6월 5일
무선판 발행 2019년 10월 24일 | 무선판 8쇄 2025년 12월 15일

지은이 필립 얀시
옮긴이 윤종석
펴낸이 정모세

편집 이성민 이혜영 심혜인 설요한 박예찬
디자인 한현아 서린나 | 마케팅 오인표 | 영업·제작 정성운 이은주 조수영
경영지원 이혜선 이은희 | 물류 박세율 정용탁 김대훈

펴낸곳 한국기독학생회출판부 | 등록번호 제2001-000198호(1978.6.1)
주소 04031 서울시 마포구 동교로 156-10
대표 전화 (02) 337-2257 | 팩스 (02) 337-2258
영업 전화 (02) 338-2282 | 팩스 080-915-1515
홈페이지 http://www.ivp.co.kr | 이메일 ivp@ivp.co.kr
ISBN 978-89-328-1728-6

ⓒ 한국기독학생회출판부 2019

책값은 뒤표지에 있습니다.
무단 전재와 복제를 금합니다.